打造超级
IP

郑小四 ◎ 著

中华工商联合出版社

图书在版编目（CIP）数据

打造超级 IP / 郑小四著. —北京：中华工商联合出版社，2025.4. — ISBN 978-7-5158-4243-1

Ⅰ. F713.365.2

中国国家版本馆 CIP 数据核字第 2025EW2275 号

打造超级 IP

作　　者：	郑小四
出 品 人：	刘　刚
图书策划：	华韵大成·陈龙海
责任编辑：	胡小英
装帧设计：	王玉美
责任审读：	付德华
责任印制：	陈德松
出版发行：	中华工商联合出版社有限责任公司
印　　刷：	北京君达艺彩科技发展有限公司
版　　次：	2025 年 6 月第 1 版
印　　次：	2025 年 6 月第 1 次印刷
开　　本：	710mm×1000mm　1/16
字　　数：	180 千字
印　　张：	12
书　　号：	ISBN 978-7-5158-4243-1
定　　价：	58.00 元

服务热线：010 — 58301130 — 0（前台）
销售热线：010 — 58302977（网店部）
　　　　　010 — 58302166（门店部）
　　　　　010 — 58302837（馆配部、新媒体部）
　　　　　010 — 58302813（团购部）
地址邮编：北京市西城区西环广场 A 座
　　　　　19 — 20 层，100044
http://www.chgslcbs.cn
投稿热线：010 — 58302907（总编部）
投稿邮箱：1621239583@qq.com

工商联版图书
版权所有　侵权必究

凡本社图书出现印装质量问题，请与印务部联系
联系电话：010 — 58302915

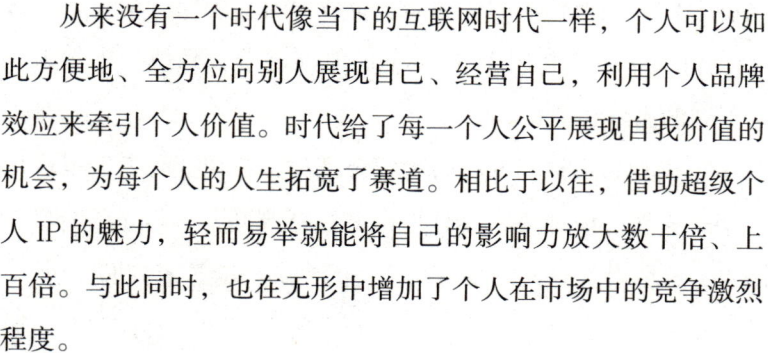

前言

从来没有一个时代像当下的互联网时代一样，个人可以如此方便地、全方位向别人展现自己、经营自己，利用个人品牌效应来牵引个人价值。时代给了每一个人公平展现自我价值的机会，为每个人的人生拓宽了赛道。相比于以往，借助超级个人IP的魅力，轻而易举就能将自己的影响力放大数十倍、上百倍。与此同时，也在无形中增加了个人在市场中的竞争激烈程度。

不论是什么样的时代，能够借助互联网提升自己的名气，在某个领域乃至多个领域具有强大影响力的人，才是时代的真"英雄"。

如今，借助互联网长期输出高质量内容打造超级个人IP，已经成为一种"时尚"。在超级个人IP的助力下，个体的力量开始被不断放大，每个普通人都有机会站到人生金字塔的顶端，俯视脚下美丽的风景。

当下，无论是素人还是个人"网红"，抑或是企业老板，都想打造属于自己的超级个人IP。那么超级个人IP到底是什么意思？

举个简单的例子。好比我们在说起雷军的时候，就会想到小米科技；在提到董明珠的时候，就会想到格力空调；在谈及李子柒的时候，就会想到中华传统工艺的传承；在聊到樊登的时候，就会想到"好书推荐官"……

　　超级个人 IP，即个人品牌，是个人在特定领域中独有的标识和形象，代表的是个人的专业能力和价值。随着时间的洗礼，超级个人 IP 已经演化成了一种符号。有了这一符号，就可以直接为个人品牌代言，并能迅速传播开来，形成牢固记忆。

　　这也正是当前为什么越来越多的普通人、企业家迫切想要打造超级个人 IP 的原因。从商业价值来看，超级个人 IP 不仅能提升个人品牌的影响力，还能为个人带来可观的流量和销量。

　　对于一家公司来说，如果把全部精力和资源都放在公司业务上，很难带动公司在市场中快速火爆。但如果直接将公司老板打造成人人熟知的明星，老板在市场上出圈，这样对其个人以及整个公司的品牌沉淀是永久的。

　　"酒香不怕巷子深"的时代已经过去了。埋头苦干固然重要，但个人形象塑造更加重要。超级个人 IP，不仅使个人品牌知名度提升不少，还可以成为个人品牌与赢得市场竞争的金字招牌。

　　打造超级个人 IP 已经成为一种趋势。越来越多的个体开始加入这个阵营。未来一定是一个"超级个体"时代，人人都是超级个人 IP。人人都能通过超级个人 IP 为自己吸粉引流，实现自我商业价值的最大化，为自己赢得辉煌的事业，收获精彩的人生。

　　做好生意，首先要打造好超级个人 IP。这是争夺用户注意力，实现攻城略地的最有力王牌。谁能抢先掌握超级个人 IP 打造的方法和技巧，谁就能站在市场竞争的制高点，谁就能赢得市场先机，在创富路上走得越远、越好。

　　本书立足普通大众，手把手教你如何打造超级个人 IP，如何借助超级个人 IP 实现引流变现。

　　本书稿以全面的内容呈现给广大读者，力争做到以下几点。

　　板块清晰化：书稿共分为四个板块，每个板块各有侧重。第一板块，认知篇，对 IP 知识做全面解读；第二板块，孵化篇，阐述人人都能成为超级个人 IP 的方法和技巧；第三板块，运营篇，解密超级个人 IP 背后引流与变现的秘密；第四板块，营销篇，详细介绍超级个人 IP 的商业化打法。

内容系统化：本书共十章，分别囊括了词汇解读、方向定位、外在塑造、内在精进、吸粉引流、流量维护、营销攻略、变现模式等多个方面。各个部分共同构成了一个完整的有机体系。

阐述细致化：每讲到一个要点的时候，都有详细阐释、实操干货和丰富的案例。在文字上，尽量做到通俗易懂，言简意赅，让读者在阅读本书的时候，可以更加轻松地理解和掌握。

本书对于那些决心创业的有志之士有非常重要的帮助。通过了解、学习、掌握和学会打造超级个人 IP 的各种方法，以及实用的引流、变现技巧，助其快速打开超级个人 IP 创业的大门，在无尽的商海中，早日赢得属于自己的一片蓝天。

CONTENTS  目录

认知篇　IP 知识全面解读

第一章　什么是IP

近年来，"IP"一词走进大众视野的频率越来越高。作为年轻大众的流行娱乐文化标志，一股"IP"热潮刮进了诸多领域。一个全新的 IP 经济时代已然来临。尤其以影视、游戏行业为代表的 IP 产业，正在以一种新兴的流量载体形式带来新的经济增长点，越来越多的普通人也开始关注 IP，打造独有的 IP 为己所用。

002　　IP 的基础认知
004　　IP 的三级进化
006　　IP 的价值与意义
008　　IP 与品牌的区别

第二章　超级个人 IP 的深层解读

在互联网浪潮下，孕育出了许多新的发展契机，也蕴藏了无限商机。超级个人 IP 的出现，使得人与人、人与物之间的连接方式发生了改变，使得连接变得更加方便、更加快捷，由此也创造了新

的商业形态。深层解读超级个人IP，帮助我们揭示其背后的奥秘。

014　什么是超级个人IP
016　超级个人IP出现的原因
018　基于信任的"社交货币"
020　超级流量"引爆器"
023　助力商业实现人格化
025　超级个人IP重构商业模式
027　超级个人IP发展的趋势

孵化篇　人人都能成为超级个人IP

第三章　自我定位：方向比努力更重要

　　超级个人IP成为企业和个人的心头好，每个人都能通过努力打造出一个优质的超级个人IP。超级个人IP已经成为当下的一种新潮流和趋势。但是，打造超级个人IP，做好自我定位是最基本的工作，也是最为关键的一步。因为任何时候，方向都比努力更重要。方向不对，后面的努力也是徒劳。

032　领域定位：选对领域事半功倍
035　身份定位：从自身擅长领域出发
037　人格定位：快速抢占用户心智
040　价值定位：扬长避短展现优势
042　用户定位：精准明确目标受众
045　平台定位：适合自己的才是最好的
048　内容定位：让IP价值从0到1

第四章　外在塑造：打造超级 IP 独特标签

一个优秀的超级个人 IP 之所以能脱颖而出，外在形象塑造的作用是重中之重。做外在塑造，目的是让受众识别和了解我们是什么样的人，告诉受众自己为什么与众不同。形象是外在的，能力是内在的。形象是超级个人 IP 最宝贵的名片，走在能力之前。好形象价值百万。塑造独具魅力的个人形象，能够使超级个人 IP 具有更加鲜活的生命力。

054　头像设置：建立美好的第一印象
057　昵称设置：取一个自带流量的名字
061　个性签名：个性化内容构建独特标识
063　朋友圈打造：快速成为朋友圈的专家
070　VCR 拍摄：视觉形象形成有效记忆点
075　风格打造：差异化增强超级个人 IP 识别度

第五章　内在精进：持续精进，提升超级个人 IP 影响力

良好的个人形象可以为自己增辉。当个人形象成为我们与别人沟通的工具时，那么塑造和维护超级个人 IP 形象也就是一种长效的投资。超级个人 IP 形象的塑造，需要综合考虑外在形象和内在素质两方面的塑造。内外兼修，做一个"内在丰盛，外在绽放"的自己。

080　持续学习和成长
083　持续坚持和改变
085　持续做好心性精进

087　持续专注与聚焦
090　持续满足客户需求

第六章　操作要点：构建超级个人 IP 的核心方法

越来越多的人意识到，打造超级个人 IP 很有必要。毕竟在自媒体为主流的时代，哪怕是一点点的个人 IP 魅力，也能发挥相当大的价值。这比投入广告费要划算得多。但是在实际构建自己的超级个人 IP 的过程中，还是有一定的条件要求的。掌握关键操作要点，助你轻松走上个人品牌之路。

094　放下面子，眼光要长远
096　懂得"舍得"，投入才有回报
099　保持真实，建立信任关系
101　持之以恒，在垂直领域深耕
104　对比同行，模仿中做微创新
106　做好规划，稳定输出高质量内容
108　与人合作，突破自我能力边界

运营篇　超级个人 IP 背后的引流与变现秘籍

第七章　吸粉引流：高效运营才能快速引流

判断一个超级个人 IP 成功与否的标志，就是用户数量、粉丝数量的多寡。用户数、粉丝数即影响力。想要提升超级个人 IP 的影响力，增加用户量和粉丝量是有效的方法之一。做流量运营，是提升超级个人 IP 影响力的关键。掌握一定的引流技巧，才能让引流效果倍增。

112　私域流量池引流：吸引自己的专属流量
115　矩阵引流：快速实现流量收割
118　地推引流：线下面对面交流获客
122　互推引流：抱团合作，互利共赢
125　圈子引流：圈子效应搭建引流桥梁
129　激励引流：利益驱动下以老带新

第八章　流量维护：做好关系管理让 IP 流量永续不衰

自古，打江山不易，坐江山更难。打江山讲战术，坐江山讲谋术。打造超级个人IP与此道理相通。如果经营不好，用户是会流失的。前期费尽力气好不容易赢得的流量，如果后期没有做好维护，一切努力皆为泡影。做好客户关系管理，才能让超级个人IP流量永续不衰。

134　服务维护：为用户进行资源合理匹配
136　战略维护：与用户成为朋友
139　心理维护：注重用户"三感"的满足
142　利益维护：给用户更多的宠爱
143　情感维护：人文关怀最显深情

营销篇　超级个人 IP 商业化打法

第九章　营销攻略：超级个人 IP 快速引爆市场的方法

打造超级个人IP，犹如千军万马在商场上厮杀。想要杀出一条很清晰，且具有强影响力、品牌力、与竞争对手区隔的光明之路，就需要全面拉开营销作战序幕，用威力巨大无比的营销攻略快速引爆市场，打造出超乎我们想象的营销效果。

146　情感营销：巧借情绪力量，唤起用户情绪共鸣
149　视觉营销：视觉展示激发用户成交兴趣
152　口碑营销：金杯银杯不如口碑
156　免费营销：免费就是为了最终的收费

第十章　变现模式：超级个人IP换来真金白银才是硬道理

很多人在打造超级个人IP的过程中，使尽浑身解数推广引流，其最终目的都是变现。变现方式很重要，决定了你的个人IP能否成功。有效的变现模式，才能使得超级个人IP创造者做大做强，实现财富自由，在生意路上越走越远。

160　平台创作奖励变现
162　用户打赏变现
165　课程付费变现
168　订阅付费变现
170　书籍出版变现
172　电商带货变现
176　社群服务变现
178　广告合作变现

认知篇
IP 知识全面解读

第一章

什么是 IP

近年来，"IP"一词走进大众视野的频率越来越高。作为年轻大众的流行娱乐文化标志，一股"IP"热潮刮进了诸多领域。一个全新的 IP 经济时代已然来临。尤其以影视、游戏行业为代表的 IP 产业，正在以一种新兴的流量载体形式带来新的经济增长点，越来越多的普通人也开始关注 IP，打造独有的 IP 为己所用。

IP 的基础认知

在当前以互联网为主导的文化产业时代下，各领域、各行业正在积极投入时间、精力，借助 IP 为自己创收、盈利。不懂得 IP 这个词，不懂得 IP 运营，我们将难以跟上时代的步伐。在这个大 IP 时代，我们或多或少得对 IP 有一定的了解，才不负身处大 IP 时代之名。

那么如何理解"IP"呢？

1.IP 的概念

"IP"这个词，最早是"Internet Protocol"的缩写，即"IP 地址"被人们所认识。但我们这里所讲的"IP"，实际上是 Intellectual Property 的缩写，即"知识产权"。当下，我们所提到的"IP"，多指适合二次或多次开发的文化内容等。当然，除了文化内容，一个"点子"，一个"想法"，一个深深植入人们脑海中的具象化形象，都可以叫作"IP"。

当人们看到某个 IP 的时候，就能想到一本文学著作、一个游戏动漫、一个故事、一个人、一个品牌等。一言以蔽之，只要是能够持续获得吸引力和流量的符号，都可以称之为"IP"。

2.IP 火爆的原因

近年来，随着技术的不断进步，孕育 IP 的媒介种类也在不断增多。除了文学、动漫、游戏、影视等传统行业打造的 IP 之外，诸如社交媒体平台、文博机构，甚至地方政府也开始打造属于自己独有的 IP。

> 比如，河南卫视在春晚上推出了一曲《唐宫夜宴》，借助精妙的舞蹈设计，再加上极具辨识度的"唐宫仕女"的 IP 形象，一举成为文创界的"新宠"。此后，河南博物院迅速开发了《唐宫夜宴》系列的 IP 衍生品，"唐宫仕女"盲盒一经推出，便快速成为爆款。

那么 IP 为什么能够这么火爆呢？无论何种形式的 IP，都能够持续获得吸引力和流量，具备市场价值，拥有一定知名度和潜在开发力。

我认为，具体来讲，一个优秀的 IP，具备以下特点：

（1）高辨识度

不同的 IP，都有属于自己的内容、人设、情绪、内涵、故事、价值观等，是一个高度提炼的人格化符号。这也让 IP 有了很高的辨识度，更容易让受众群体接纳和牢记。

（2）高认同感

每一个 IP，都代表了一种文化标签。受众人群对这个标签具有很高的认同感，由此爱上这个标签。同时，这个文化标签不会轻易改变其调性，受众人群对其喜爱程度也不会发生改变。

（3）高频存在

一个 IP 被塑造之后，会以不同的形式在不同平台展现，它可以出现在影视作品、游戏、小说、玩偶等周边产品中，也可以在视频、音频等平台出现。不同的消费场景、不同的互动场景，使得 IP 能够被受众人群所熟知。

（4）强生命力

每一个 IP 都有其独特的内涵，一个优秀的 IP，并不是"一日之功"就能得以炼成的。

> 比如，《大话西游》《大圣归来》《西游降魔篇》等以吴承恩的《西游记》为题材的电影、电视剧、动画片等，都是从《西游记》这个大"IP"进行价值挖掘，然后进行再创作的，屡次刷新各类纪录，使得"孙悟空"这个中国文化 IP 的生命力得以很好地延续。

这些都是 IP 能够火爆的根本原因。也正是如此，使得 IP 具有了自带流量的特点，这也是各领域积极打造 IP 的真正原因。

IP 就像一团星星之火，以席卷之势点燃了诸多领域。它代表着一种无形资产，可以通过商业化运营实现价值变现。认识 IP、了解 IP，有助于我们对 IP 有更多的探索，摸索出更加适合自己的商业化道路。

IP 的三级进化

任何事物都是在不断变化中发展和进步的。IP 也在历经了一次次升级后，得到了不断进化。

回顾 IP 的发展史，我们不难发现，其经历了三个发展阶段：

1.0 阶段：泛娱乐 IP 阶段

随着互联网和文化产业的不断发展，"泛娱乐产业"的概念也随之兴起。诸如文学、影视、动漫、音乐、游戏、演出等多元文化娱乐形态，得到了新的发展和应用。IP 作为一个新的词汇，也开始进入人们的视野，打通了不同细分领域之间的界限。由此，多元文化娱乐形态，从最初的独立发展，转变为多领域融合开发。

> 比如，孙悟空这个 IP 角色，在文学作品（吴承恩著作《西游记》）、影视作品（《大圣归来》）、动漫作品（动画片《西游记》）、音乐歌曲（动画片《西游记》的片头歌曲《猴哥》）、游戏（《英雄联盟手游》）、舞台演出（舞台剧《孙悟空三打白骨精》）各领域中得到了融合发展，共享全产业经济收益。

这个阶段，不同的细分领域在以 IP 为核心的作用下形成生态链。IP 的传播也从某个点向整个生态链扩散，使得 IP 价值在生态链中得到进一步扩张。

2.0 阶段：新文创 IP 阶段

随着数字技术与传统文化相结合，"新文创"概念诞生。新文创是一种以 IP 构建为核心、融合数字技术而打造的一种全新数字文化形式，使得网络文学、动漫、影视、游戏等实现了数字化。

第一章　什么是 IP ｜ 005

> 比如，腾讯与故宫、敦煌、秦陵等文博机构联合打造了数字化形式的故宫文物 IP、敦煌壁画 IP、秦陵兵马俑 IP 等，使得这些文化以数字 IP 的形式走入人们的日常生活，唤起人们对美的感受，让观众看到沉寂了的历史文化又活了过来。

3.0 阶段：个人 IP 阶段

如果说前两个阶段是基于内容"知识产权"构建的 IP，IP 的运用须在知识产权的框架内进行。那么进入 3.0 阶段，是站在经济学、个人发展的角度来谈论 IP，注重的是 IP 作为一个"点子""思想""价值观""形象"等，如何被用以实现个人标签化、扩大个人影响力，最终实现个人价值变现。

短视频平台、直播平台的出现，为孵化个人 IP 创造了成熟的条件。很多知名博主，凭借其独特的内容和个性特征，打造了属于自己的个人 IP，使得个人的影响力迅速扩大，成为整个社交媒体的焦点。这标志着单人影响力时代已经到来。

> 比如，李子柒在短视频内容中，呈现自己的农村生活。在这里，她每天有很多农活要做，耕地、育秧苗、剪花草、打虫；还能顺应四季制作各种色香味俱佳的纯绿色美食；能利用现有材料变废为宝，打造各种极具复古、典雅特色的居家用品等。李子柒在短视频中所呈现出来的，只是田园生活的日常，却给人留下了很多美好的回忆。李子柒凭借其打造的东方田园古风 IP，形成了独特的个人标签，让其圈粉无数。其个人 IP 由短视频延伸至食品、电商领域，实现了个人 IP 的拓展和变现。

IP 在发展中不断进化，从"泛娱乐"阶段到"新文创"阶段，再到"个人 IP"阶段，IP 被赋予了不同的使命。当下，如果能抓住时代给予我们的机会，作为普通个人，我们同样可以打造属于自己的 IP。

IP 的价值与意义

近年来，文化产业、企业、个人，都在谈 IP，都在打造属于自己的 IP，想借助 IP 寻找新的机会点，为自己赢得更多的盈利。

对于 IP，大家都在趋之若鹜。那么 IP 究竟有什么价值呢？它有什么值得我们去追逐和探索的地方呢？

对于 IP 的价值与意义，我之前做过深入思考，这里分享一下。

1.IP 的价值

IP 价值是一种特有的营销赋能价值。我们通常说某个 IP 极具价值，那么这个价值到底在哪里？是如何算出来的？用的什么标准？

我认为，IP 的价值是无法用金钱来直接衡量的。但我们可以用一种非常直白的方式去解读。

（1）塑造品牌形象和提高品牌知名度

毋庸置疑，市场竞争的激烈程度只会越来越强，品牌想要在千军万马中走出自己独有的道路，一个重要的方法就是打造具有吸引力和影响力的 IP。

> 旺旺借助旺仔这一 IP 塑造品牌形象方面，堪称典范。旺旺对旺仔进行了深入的人格化运营，使其从一个单纯的品牌符号，演变为一个立体生动的形象。这一转变，提升了旺旺品牌的视觉吸引力，同时更将旺仔这一宝贵的视觉资产深入消费者脑海，形成牢固记忆。

作为一个 IP 形象，与文字相比，更容易让人们记住，也很好地提高了品牌的知名度。

（2）保护智慧成果

无论是文化产业 IP，还是个人 IP，都是经过精心设计塑造而成的。IP 可以说是一种工具，这种工具除了能够有效提升品牌知名度，还可以有效保护人们的智慧成果，防止侵权，提升品牌和个人的市场竞争力。

（3）IP 具有溢价能力

IP 的另外一个核心价值就是变现的溢价比一般的商品或服务高。通俗来讲，就是能够提升品牌或产品、个人在市场上的附加价值，使得消费者愿意为该品牌、产品、个人能力或学识等支付超出其成本的价格，从而获得更多的市场份额和利润。

> 比如，同样是做卤煮鸭子熟食生意，周黑鸭塑造了品牌"周周""嘿嘿""丫丫"等 IP 形象。周黑鸭塑造的 IP 形象都长在了年轻人的审美点上。同时，周黑鸭还借助这三个 IP 形象，跨界推出了多样化周边产品，如水杯、手机壳、化妆品等。与那些普通店铺来比，周黑鸭因为这些独有的 IP 形象，更容易受到消费者的青睐。这就是 IP 所具备的溢价能力。

当然，同样是一些 IP 的衍生品，IP 价值越高，消费者愿意为 IP 衍生品买单的价格也就越高。

2.IP 的意义

IP 存在的意义，在我看来，就是实现"文商"的协同发展。这里的"文商"，一方面指给予品牌或产品的文化与商业，另一方面指基于个人的学识（文化）与商业。

对于产业领域来说，同一个 IP 形象，能够促进不同产业之间相互融合，形成更具特色的产品和服务，推动各产业繁荣；对于个人来说，塑造 IP 形象，能够形成个人独有的特色标签，在市场中提升自己的竞争力。

总之，IP 形象的打造，具有非常重要的积极意义。无论品牌，还是个人，都要注重 IP 的打造，以及商业价值的开发，IP 的巨大魅力，会让我们在生意当中受益无穷。

IP 与品牌的区别

当下,我们处在一个人人都在谈 IP 的时代。IP 这个概念被炒得风生水起。无数的企业、品牌、个人都在试图打造自己的 IP。但很多人对 IP 并没有一个清晰的认知,他们将品牌和 IP 画等号,或者理解成同一个概念。其实,品牌并不等于 IP。相反,IP 与品牌之间有明显的区别。

1. 承载对象不同

品牌承载的是产品。用户越能看得见实实在在的产品、享受得到满足需求的效用、感受得到前沿科技的价值,对品牌就越信任,良性互动就越多,品牌在无形之间积累的资产价值就越大。

IP 所承载的信息,如故事、知识产权,这种信息是虚拟的,可以随时随地发生变化。

2. 功能价值不同

企业打造品牌,从根本上是想要实现产品销售。好的品牌可以为企业带来持续的超额利润,实现产品销售的目的。

IP 为消费者提供的不是产品的功能属性,而是一种情感寄托。基于 IP 的牵线搭桥,用户和产品实现了交互和价值认同。

3. 生产方式不同

品牌承载的是产品,所以是基于产品而生产。产品的特性、品质等决定了品牌的价值。

IP 承载的是内容,是以内容为起点,而且需要持续不断地注入新的优质内容来保持 IP 的生命力。

4. 养成时间不同

一个品牌的养成,在倾心投入之后,短期内就可以看到效果。

IP 的养成,需要不断进行内容输出,需要花时间和精力来打磨才能养成,想让大众喜爱、认可，需要很长的时间。

5. 连接位置不同

品牌的终极目标就是将产品推销出去，使得产品能够占领用户大脑，使得用户在想到某一类产品的时候，第一时间就会在脑海中浮现这个品牌。

> 比如，人们在谈起空调的时候，第一时间想到的就是格力这个品牌。

IP 的终极目标是占领用户心智，借助 IP 唤醒深藏在人们内心深处最敏感的东西，进而让人们基于某一种情感而喜欢上这个 IP。

> 比如，人们在谈及孙悟空的时候，就会唤醒内心深处的英雄情结；在说起岳飞的时候，就会唤醒一种忠君爱国的情怀。

6. 连接方式不同

品牌需要借助媒体不断曝光，不断在用户面前展示，向外诠释自己的内涵。可以说，品牌是在想方设法主动连接用户。

IP 就是通过不断地做内容输出，优质内容就在那里，那些对内容感兴趣的用户会主动靠过来，与 IP 进行连接与互动。由此，可以看出，IP 与用户的连接，是一种被动的连接方式。

> 比如，一位短视频博主，给自己打造了一个"轻减脂美食专家"IP，每天都会发布一则美食制作的短视频。那些刷短视频的用户看到该博主的视频内容后，看到感兴趣的内容，就会主动去关注该博主，成为该博主的粉丝。显然，这个"轻减脂美食专家"IP 通过一种被动的方式实现了与用户的连接。

7. 连接渠道和成本不同

一个品牌，想要在更多用户头脑中占据特殊位置，需要投入大量的人力、物力和财力，通过各种平台和渠道，如公交海报、地铁广告牌、商场大屏幕、电视广告、社交平台、搜索引擎等推广品牌，从而最大限度地增加曝光度。

IP 与用户之间是一种被动链接的关系，更多的是在线上传播，如微博、微信平台、短视频平台等，不用花钱做任何推广，感兴趣的用户会主动与 IP 建立关系，甚至还会将 IP 口口相传，分享给更多的人。这与品牌连接相比，成本非常低。

8. 连接范围不同

品牌承载的是产品，虽然有的产品也在跨界连接新的用户群体，但这种连接方式，会让品牌的势能逐渐衰减。说明品牌的连接范围是有界限的。

> 比如，白酒行业中，茅台酒已经成为中国高端白酒市场的领导者之一。茅台酒凭借其独一无二的原产地保护、不可复制的微生物菌落群、传承千年的独特酿造工艺、长期储存的优质急救资源这四大优势，形成了其他白酒品牌难以攻克的核心势能，使得茅台在白酒行业的地位经久不衰。
>
> 茅台在与瑞幸咖啡联合打造了酱香拿铁之后，虽然起初产品非常火爆，但如今热度开始下降。
>
> 从总体上看，茅台品牌在茶饮领域的势能就无法和在白酒行业的势能相提并论。

IP 则是以内容为基础，可以连接更多的领域，而且势能不会受到影响，甚至会随着在不同领域的深入，其势能会越来越高。

> 比如，在抖音、快手、视频号等短视频平台上，有一个"一禅小和尚"动漫账号，打造了一个可爱、暖萌的小和尚形象，并加以各种富有人生哲理的内容，构建了"一禅小和尚"这一 IP。该 IP 在各平台大火后，吸引了相当可观的粉丝数量。随后，借助"一禅小和尚"IP，衍生出了各种周边产品，如摆件、手办、玩偶、图书、

> 拖鞋、滑板、产品包装盒等，产品涉及诸多领域，在各大平台热卖。"一禅小和尚"这一 IP 也不断升温，在动漫领域异常火爆。

因此，一个强大的 IP 可以连接非常广泛的范围。

总之，品牌与 IP 看似相同，实则有本质区别。一个品牌的打造，需要 IP 的合作或创建，需要借助 IP 进行推广和宣传，但品牌本身并不等同于 IP，IP 也不能取代品牌。了解这些区别，有助于我们更好地认识 IP。

第二章
超级个人 IP 的深层解读

在互联网浪潮下,孕育出了许多新的发展契机,也蕴藏了无限商机。超级个人 IP 的出现,使得人与人、人与物之间的连接方式发生了改变,使得连接变得更加方便、更加快捷,由此也创造了新的商业形态。深层解读超级个人 IP,帮助我们揭示其背后的奥秘。

什么是超级个人IP

超级个人IP其实并不是什么新的词汇,是基于IP的一种延伸。我们在对IP有一个全面认知之后,就可以对超级个人IP有一个很好的了解。

个人IP是建立在真实人物的故事、经验、形象基础上的知识产权。超级个人IP就是那些极具开发价值的个人IP。也可以理解为,在某个行业具有影响力、值得信任、具有实现流量高效变现能力等综合特征,并能带来流量且具有信任价值的人。

> 比如,我们在提及樊登的时候,就会想到"樊登读书会";在提到罗振宇的时候,就会想到"罗辑思维";在谈到李玫瑾的时候,就会想到"青少年教育心理学专家"等。

超级个人IP属于个人独有的,具有差异化、标签化的独特印象,它有形象、有情绪、有故事,是个人品牌的一部分。具备超级IP的个体,与普通个体相比,具备诸多优势。

1. 体现个人价值

拥有超级IP的个人,能更好地凸显自己在某一专业领域的知识、技能、经验,向受众呈现出极强的专业性。可以为他人提供有价值的内容,从而树立自己在某一领域的权威形象,形成流量护城河。超级个人IP可以让我们从行业众多竞争者中脱颖而出,赢得受众的信任和认可。

2. 塑造个人品牌

超级个人IP作为一种无形的资产,能够增强个人在行业内的影响力和声誉,形成个人品牌,从而吸引更多人关注与合作。超级个人IP可以为个人带来商业机会和收益的同时,能更好地为个人事业的发展提供强有力的支撑。

3. 助力个人品牌推广

超级个人 IP 可以说是一种重要的个人品牌推广工具。可以借助社交号、短视频号、演讲、授课等多种渠道和方式，将自己的专业知识、经验、观点等传递给广大受众。超级个人 IP 能有效增加我们的曝光度，帮助我们吸引更多的用户。

4. 形成相对稳定的用户黏性

一个优秀的超级个人 IP，能够通过个人形象和故事等，给受众留下深刻印象，再加上持续输出专业性很强的内容，能赢得受众信任。有了强信任，也就有了用户的强黏性。

5. 带来长期收益

超级个人 IP 是一项长期投资，而且其收益是一种长期性的、可持续性的。随着时间的推移，个人的粉丝也会因为 IP 而与我们建立起牢固、忠实的粉丝关系，在粉丝的分享和转介绍中，为我们吸引更多的关注和支持。有了庞大的粉丝规模，我们也就拥有了获得长期收益的基础。

超级个人 IP 具有很大的潜力和价值，如果我们想在当前乘着互联网之风获得更多的成功和成就，打造超级个人 IP 是一个很好的选择。它是我们个人发展和个人品牌推广的重要资产和工具，也是我们开创个人辉煌品牌的基石。

超级个人 IP 出现的原因

互联网时代，给了我们很多自由发挥和发展的机会，不但给企业带来了新的商业契机，助力企业成功，而且让每个普通人都能拥有更好的展现自我的机会，助力个人快速出圈。

超级个人 IP 为每一个普通人带来了实现个人品牌的突破口，让人人都能成为超级 IP，尤其是某些特殊行业那些自带流量和商业价值的从业人员，如医生、教师、讲师、律师、金融分析师等，在超级个人 IP 的助攻下，可以获得更多的行业发展机会。一方面收获流量，实现精准变现；另一方面也获得了更多的资源。

关于超级个人 IP，这里要谈一下其出现的原因。

第一，个人有了主动寻求价值输出的需求

每个人都有自己在社会中存在的价值，但很多人的才能、学识、技能等往往因为找不到价值输出的渠道而被埋没。在这个市场竞争日益激烈的时代，如果没有在众多竞争者中脱颖而出，个人的价值是得不到很好的发挥的。因此，急需一种个人价值的输出渠道。

IP 作为一种"知识产权"，是对文化内容的一种保护，是一种文化与产品之间的连接和融合，有着高辨识度、自带流量、强变现能力、长变现周期的特点。这恰好与人们的价值输出需求相吻合。

一方面，个人价值也可以看作是一种个人特有文化，也有属于自己独有的特色和标签，同样需要对自己有一种"保护"；另一方面，个人价值也需要借助一种工具表现和凸显出来以提升辨识度，也需要实现强效引流和变现，且获得长线收益。

显然，IP 就是个人想要实现价值输出的最好出路。

第二，各领域对 KOL 有着急切的需求

消费者购买，选择合作伙伴，总会货比三家之后才会做出决定。但很多时候，对于一个并不了解的行业，他们无法知道什么样的产品或服务才是最好的。这时候，他们最需要的是一个对这个行业有专业的知识、经验、见地等，能为自己做出专业指导和推荐的人物。

> 比如，房地产领域，人们需要有一位专业人士帮忙分析、做问题咨询、提供指导性建议等；在美食领域，人们需要有资深的"美食专家"做健康美食分享等；在健康医疗领域，人们需要有专业的医生做健康医疗分享和指导等。

KOL（key opinion leader），译为"关键意见领袖"，这类人在某一特定领域掌握了精而专的知识，掌握了更多丰富的经验，有独到的见解和观点，拥有更多、更准确的产品信息。因此，KOL 能成为大众眼中的权威人士，为大众所信任或接受，进而对大众的购买行为能够产生极大的影响。KOL 本身就因为其极强的专业能力、颇有见地的观点而让人信服。显然，KOL 能够帮助消费者解决购买选择难的问题，是当下这个时代大众急需的一类人。

成为大流量 KOL，我认为需要具备以下特性：

（1）标杆性，即在某一专业领域拥有绝对的权威性；

（2）折服性，即在专业领域有众多粉丝拥护和认可；

（3）独立性，即个人也可以代表整个企业或品牌。

KOL 的成功塑造，可以通过打造超级个人 IP 来实现。在当前这个自媒体蓬勃发展的时代，普通大众也可以借助网络优势，借助超级个人 IP 这个提升普通大众影响力的有效工具，把自己成功塑造成大家需要的 KOL。

互联网为我们提供了非常好的机遇平台，为品牌提供了成长壮大的良好土壤，也为我们普通人提供了一个很好的连接人与物的平台。超级个人 IP 的出现，使得每一个人，包括每一个普通人、企业领导或高管等，有了更多的影响力，也有了更多享受时代红利的机会。因此，超级个人 IP 的出现，是时代发展的需要，具有必然性。

基于信任的"社交货币"

当下,市场竞争中,无论产品还是品牌,人们总是对其先有感知,而后才主动去认识。否则,即便人们对其先有认知,也会因为它们的平平无奇而最终被淡忘,失去市场竞争力。对于个人,同样如此。

在商业社会中,我们本身就是自己品牌的名片,也是不可复制的"竞争力"。在这个影响力至上的时代,消费者首先是基于对我们个人能力、学识、经验、价值观等的感知,然后才对我们有了信任、认知,进而成为我们的客户。

那么,为什么有的观点能在一夜之间快速流行,而有的则石沉大海?为什么有的个人品牌无处不在,而另一些则无人问津?为什么有的个人内容会被广泛传播,有的则难以推动?关键就是缺乏一种连接人与人的"社交货币"。

超级个人IP,是一种个人品牌符号,是一个人自己的形象、自己的名片。当我们在某一领域持续输出有价值的内容,并在该领域拥有一定知名度和影响力的时候,就会吸引越来越多的人对我们产生信任和认可。这种信任不仅体现在受众对内容的认可上,还体现在他们与我们之间产生互动,以及对我们的个人形象、个人品牌合作的信赖方面。可以说,超级个人IP是一种基于信任,连接人与人的"社交货币"。

有了这种"社交货币",可以为个人创业之路提供源源不断的动力和支持。

1. 信任带来社交资本

社交资本是指一个人在社交关系网中的资源和影响力。信任是社交资本的关键组成部分。超级个人IP,本身就具有高信任度的特点,可以获得更多的流量、追随者与合作伙伴的支持。这些社交资本不仅有助于个人品牌的传播和壮大,还能带来更多的商业机会。

2. 信任可以转化为商业价值

在这个产能过剩的时代,客户选择在哪里消费,选择与谁合作,并不是简单地在产品本身品质和价格上做对比。更重要的是选择那些自己喜欢，且具有高信任度的品牌建立连接。超级个人IP正是这样一个桥梁，它让客户基于对个人的信任和喜欢，进而选择在这里进行消费。信任度高的超级个人IP在与客户合作的过程中，能为个人品牌带来更高的转化率和更好的市场反馈。这又进一步为我们带来更多的流量和变现机会，形成一个良性循环。

3. 信任促进长期关系

超级个人IP是个人品牌与受众之间的关系长期维系的关键。与一次性交易相比，受众会因为对个人品牌的信任，而与个人品牌建立起长期关注与合作的关系。这种长期关注与合作的关系，不仅增加了超级个人IP的稳定性，也为个人品牌带来了持续的影响力。

信任比金子还要珍贵。取得客户信任，不是一朝一夕的事情。需要通过展现自己的专业度来树立良好的形象，不断构筑起与客户之间的信任基石。超级个人IP这种基于信任的"社交货币"是一种宝贵的资产，也可以看作是连接人与人的语言。善于利用这种社交货币，我们就能更好地获得更多合作和资源的交换，实现个人价值的商业化。

超级流量"引爆器"

那些优质的个人 IP 往往具有很大的开发价值,其中一个重要的价值就是能很好地吸引更多的流量。也正是基于这一点,我们可以说,超级个人 IP 是超级流量"引爆器"。

超级个人 IP 之所以能够成为超级流量"引爆器",关键在于其具备以下几个因素:

1. 内容力

超级个人 IP 的核心和基础就是其强大的内容力,这也是超级个人 IP 能够生命力长久的关键。这里的内容力,包含了原创差异化内容的持续创造能力、传播能力、影响能力。

> 比如,当前在直播短视频行业,优秀的博主有很多,尤其是那些头部博主,每个都可以看作是"现象级"人物,他们的个人气质、粉丝画像等都各不相同。但最重要的还是因为他们在细分领域具有强大的内容力。
>
> 抖音平台上有一个名叫"灵霖七"的博主,虽然人物形象都是模仿电视剧中的经典人物,但在内容上进行了大刀阔斧的改编,内容风格独特,让观众乐不可支。这样的内容,既具有经典电视剧的着装和桥段,又有不同的故事情节来推进,吸引了很多喜欢看经典电视剧、喜欢搞笑剧情的用户分享和转发,其影响能力不容小觑。该账号发布作品不到一年的时间,就斩获了四百多万粉丝,足见其强大内容力的魅力。

2. 话题力

超级个人 IP 具有能够将所有人连接起来的能力。这种能力，来自其自带话题的特点，话题的势能价值，同样能吸引受众，转化为获取流量的能力。

> 故宫本身就是一个巨大的 IP 宝藏，同时也拥有着众多子 IP。每个历史人物、文物背后，都蕴含着无数感人的故事和巨大的商业价值。故宫淘宝洞察到了这一点，将主题相关元素与用户喜欢的元素进行结合，找出打造 IP 的核心元素，创造出了众多与大众脑海中形成鲜明对比的个性化形象。
>
> 比如，故宫淘宝的公众号文章《雍正：感觉自己萌萌哒》中，配有雍正比着剪刀手的卖萌图片，这一形象与人们印象中严肃庄严的帝王形象形成强烈的反差感。
>
> 再比如，故宫淘宝的官方微博发布了一篇题为《够了！朕想静静》的文章，介绍了一个运气不太好的帝王故事。故事内容是这样的：明朝最后一位皇帝朱由检，一开始还是正襟危坐，突然画风一变，手托额头，摆手做发愁状。然后手持机关枪，眼神中充满了恐惧，还配有台词"总有刁民想害朕"。
>
> 诸如此类，众多历史人物跳起了现代舞、玩起了自拍、发起了朋友圈等。一个个灵动、有冲突感的人物形象，从静态画中复活到现实当中。这样有趣、鲜活的形象，褪去了历史在他们身上的厚重感，以娱乐的方式进入大众视野，抓住年轻用户喜欢年轻化、时尚化、趣味化的心理，同时也以不同的形象制造出新的舆论话题，引发大众参与话题讨论，形成热点。故宫淘宝也因此而斩获了一大批粉丝。

3. 演绎力

超级个人 IP 本身还是一种持续人格化演绎。如何理解呢？超级个人 IP 其实就是个人对自我的真实表达，并不是那些高大上之类的东西。这种率真的自我表达，可以是高傲的、自信的，也可以是清新脱俗的。但无论用什么形式去表达，都要注重真实性。越是真实性的内容，越给人以信任感，越能与受众之间产生共鸣，越能很好地吸引人们主动靠近去感知其中的细节。

> 董宇辉就是一个很好的个例。董宇辉作为一名老师，他会给受众讲知识，但他会把枯燥的知识故事化、有趣化，使得受众的接受度很高，播放量也很高。董宇辉还有很强的演绎力，他有两个斩获流量的核心方法：其一，董宇辉既知天文又晓地理，具有十分丰富的知识储备；其二，他拥有方正、善良的人品性格。这些共同演绎了他才华横溢、人品方正的人设特点。打造超级个人IP，人设才是看到你的人是否会喜欢你的核心。用粉丝对董宇辉的评价就是"始于有趣与浪漫，陷于才华和人品"。董宇辉做成了所有个人IP的高标准。

4. 整合力

超级个人IP的内容传播渠道和形式，会随着不同时代科技发展的不同而有所变化。但也正是借助那些更加先进的技术和工具才能更好地为我们带来更多的流量。

> 比如，在互联网普及的时代，普通个体通过社交平台，如微信、微博等，以文字信息和图文信息的形式来影响受众。随着短视频时代的到来，人们借助短视频、直播平台来提升自己的影响力，并将个体能力的展现达到极致，由此发挥杠杆效应，将对流量的吸引放大到极致。未来是一个全新的数字化时代，AI也将得到全面普及，在AI的赋能下，将会有更加全新的技术和渠道，为超级个体提供更加前沿的"表演"平台，吸引的粉丝流量甚至会扩展到"数字人"，产生的影响力将是传统媒体时代的数倍。

在这个流量为王的时代，人人都想掌握流量密码，成就自己的一番事业。超级个人IP恰好成为一柄利器，助力我们吸引源源不断的流量。

助力商业实现人格化

我们在提到江小白的时候，就会想到一个贩卖情怀的文艺青年形象；在提到雪花啤酒的时候，就会想到一位具有"勇闯天涯"精神的探险家；在提到小茗同学的时候，就会想到一个萌趣可爱的小学生形象……

从这些案例中，我们不难发现，每一个有超级渗透力的品牌，其背后一定有一个超级人格。品牌人格化，能够通过人格化形象，很好地唤起用户的情绪，并拉近品牌与用户之间的距离。

超级个人IP，不仅能吸引大量关注和认可，为个人带来巨大的影响力和市场号召力，还能为品牌建设和发展提供很好的推动力。超级个人IP赋能品牌，会使得品牌在商业发展过程中实现人格化。

> 比如，2020年，一位名叫丁真的"甜野男孩"出现在大众视野，他拍摄的是一些展现当地风土人情、文化特色的短视频内容，由此建立起了自己的个人IP，并很快就在全网被人们所熟识。自此，他的超级个人IP就已经形成。他凭借一句"欢迎大家来理塘"，吸引了广大粉丝和游客前往理塘旅游，使得2020年四川甘孜地区的酒店预订量翻了一番，机票预订量的增长率也大幅提升。时至今日，丁真还一直通过各项活动为甘孜地区的文旅宣传发光发热，吸引无数游客纷纷"种草"。

这就是超级个人IP助力品牌建设的典型案例。一个优秀的超级个人IP能赋予品牌人格化特点，并凭借一己之力将一个地区、一个名不见经传的品牌带红、带成功，足见超级个人IP的威力。

超级个人IP通常具有独特的人性和价值观，作为意见领袖，其发布的内容和信息，在社交媒体等各大平台上更容易获得粉丝关注和口碑传播。有了超级个人 IP 的赋能，品牌的形象也得到了人格化和具象化，变得更加亲切和立体。在超级个人 IP 的影响力和粉丝效应的作用下，品牌也更加容易被目标市场所认识和接受。这样也有利于品牌降低营销成本，提升变现效率。

如今，在商业领域中流传着这样一句话：商业竞争中，三流的品牌拼知名度，二流的品牌拼价值观，一流的品牌拼超级人格。商业人格化是未来的一种趋势。

因为，在当前人们物质生活富足，市场中的产品和品牌众多，在性价比几乎相同的情况下，比起那些冰冷的产品和品牌，人们更加愿意选择具有感性化的产品和品牌。这样的产品和品牌更有"人味"，能化身为懂消费者的"朋友"，能更好地激起消费者的情感共鸣，成为人们选择购买的一个重要因素。

可以说，超级个人 IP 赋予品牌人格化，是品牌在市场竞争中实现"多快好省"的一条重要捷径，也是品牌通往消费者心灵的一个重要途径。

超级个人 IP 重构商业模式

目前，被广泛传播的企业家超级个人 IP，或者培育、孵化自己的员工成为超级个人 IP，大多是面向消费者领域，也有一小部分企业家已经开始在细分领域市场做面向企业（如合作伙伴）的超级个人 IP。

> 雷军在抖音平台的个人账号上发布了很多有关小米 U7 汽车的产品宣传介绍，向广大用户展示小米 U7 汽车的优质性能和使用体验。雷军作为小米科技的"掌门人"，以其独特的魅力和深入浅出的介绍，吸引了近百万用户和粉丝点赞。尤其在 2024 年 4 月 18 日小米 U7 汽车的专场直播当中，吸引了数百万观众在线观看。直播效果非常好，让整个汽车行业为之瞩目。不少车圈内"大佬"级别的人物纷纷效仿雷军的营销模式，并开始打造自己的个人账号。
>
> 一直以来雷军非常注重个人 IP 的打造。从 2019 年开始，雷军就在抖音上创建了个人账号，并通过短视频内容，树立了自己友善、真诚的形象，给人们一种"邻家大哥"的感觉。这种形象和感觉，建立在他与用户多年来的真诚沟通和对话基础上，由此也让消费者对他所说的话以及小米科技这个品牌也产生了信赖。这也是雷军能够借助自己的超级个人 IP 为小米科技这个品牌及产品做营销取得成功的关键。

各大汽车品牌、企业家都意识到运营个人 IP 的重要性。与此同时，这件事也强化了我的一个认知，即超级个人 IP 已然融入商业领域，正在重构商业模式。

1. 实现去中间化

以往，那些知名度不高的品牌，往往会邀请有影响力的名人、明星、

KOL 等为品牌代言，或者邀请这些人做直播带货、与代理商合作。企业想要提升影响力，想要提升变现效率，就要拿出一部分利润分给这些人和代理商。

如今，企业创始人、老板打造自己的超级个人 IP，通过超级个人 IP 赋能品牌和产品，直接面向用户和消费者，可以更好地实现去中间流程化，减少中间成本，有效提升信息传输效率。更重要的是，吸粉引流和变现效率也不差。

2."平台 + 个人"模式成为主流

在以往，作为企业的员工，每个人都是团队的一员，在组织内部协同合作，为企业创造价值。如今，每个人都可以根据自己的兴趣、特质、能力等打造细化的个人标签，使自己能够在众人当中凸显出来。个人完全可以根据自己的喜好、优势去规划自己的工作和生活的自由，打造属于自己的个人品牌，为自己代言，实现华丽转型。因此，一种全新的、基于互联网的、将传统商业和社交模式相结合的"平台 + 个人"模式将成为一个全新赛道。

通常，一种潮流的出现都是流量和关键人群在引领。然而在引领的过程中，思维则在其中起到了不可忽视的作用。超级个人 IP 在商业领域的渗透，将个人价值挖掘到最大化，为我们带来了全新的商业模式，也带来了不一样的商业引流和变现形式。

对于企业而言，在这个流量为王、低成本变现难的时代，如果企业不能改变传统思维，不能重视超级个人 IP 的打造，不能意识到超级个人 IP 与商业发展的契合度，就很难在市场竞争中实现低成本提升美誉度与影响力，实现低成本变现。

对于个人而言，人人都能成为自由职业者，用自己的一技之长换得大众的认可和想要的回报。

可以说，超级个人 IP 重构了商业模式，真正推动了整个市场经济向着更高的方向发展。

超级个人IP发展的趋势

自媒体发展已经进入快车道，越来越多的人想依靠流量转型，打造个人IP，赚取流量红利。但我们在追逐超级个人IP流量红利的同时，也应当明确其未来的发展趋势，便于在超级个人IP这条流量高速路上，做好各种准备和应对。

从当前现状和市场需求，我个人分析，超级个人IP的发展趋势会朝着以下几方面进行。

趋势一：分众化

任何时代，商业发展总是在迎合受众喜好的过程中不断发展和前进。在以往，超级个人IP更多来源于大众热点。也就是说，大众对什么样的个人IP关注的更多，什么样的个人IP就会凸显出来。大众喜欢什么，人们就专注于打造什么样的个人IP，以迎合大众的喜爱。现在，由于市场千变万化，受众也变得越来越多样化，分众化个人IP逐渐受到更多受众的喜爱。因此，个人IP也逐渐趋于多样化。

趋势二：个性化

超级个人IP，要想成功打造，要想实现持续强变现能力，个性化趋势必然会越来越普及。因为，一个独特、个性化的个人IP形象，才能更好地被受众牢记于心。个性化的超级个人IP，不仅是个人品牌的标志，更是传达个人品牌核心价值和吸引目标受众的核心点。

趋势三：移动化

互联网已经从PC端升级到了移动端，移动端已经成为重要的营销渠道。随着科技的进一步提升，移动端得到了优化，越来越多的超级个人IP利用短视频、微信等渠道进行推广，也是大势所趋。

趋势四：小而精

如今，很多人已经开始打造超级个人IP，大而全赛道上的流量和粉丝已经被瓜分得所剩无几。作为新人想要打造超级个人IP，如果还选择大而全的赛道，几乎没有生存空间，做起来会很难。

但那些垂直的细分赛道还有很多地方没有被开发，还有很多机会。

> 比如，别人都在做青少年家庭教育赛道，我们可以专门在青少年如何平稳度过青春叛逆期这一细分领域作为超级个人IP塑造的定位点；别人在做女装穿搭，我们可以选择微胖女性如何通过服装穿搭达到优雅、显瘦的效果等作为自己的入手点；别人都在做美食分享，我们可以南方美食、北方美食做垂直细分，而南方美食又可以分为川湘菜、粤菜等，北方美食又可以细分为东北菜、鲁菜等。

打造超级个人IP的赛道越细分、越精准，就越能给人一种专业性强的感觉，受众就会越信任我们，吸引的用户也就越精准，也越能得到特定细分人群的认可，我们的超级个人IP也就越容易形成。也越容易在某个垂直细分领域将超级个人IP做到头部位置。

趋势五：趣味化

打造超级个人IP，也需要多融入娱乐化特色，也是其发展趋势之一。原因是，一方面，枯燥无味的东西，难以吸引人们的兴趣。人们越来越注重娱乐、轻松、放松的体验；另一方面，随着互联网的发展，音频、视频等多媒体形式呈现的娱乐化、创意化内容，可以更加直观地传达个人IP的形象。

趋势六：多样化

当前，媒体传播渠道多样化，如文字、音频、视频等媒体形式的出现，使得超级个人IP也呈现多样化形式。

> 比如，文字传播渠道微博、博客，视频传播渠道短视频平台等，都可以成为超级个人IP的呈现形式。

随着虚拟现实和人工智能技术的进一步发展和突破，我推测，未来超级个人 IP 还可能扩展到虚拟形象等新兴领域。

  总的来说，超级个人 IP 是提升个人品牌价值和影响力的有效方法。随着新媒体的发展和受众需求多样化，超级个人 IP 也会朝着其特有的趋势去发展。我们要做的是，根据自身特点，结合不断变化的趋势，做适当的调整，以便塑造良好的超级个人 IP，在市场竞争中立足，并取得长远发展。

孵化篇
人人都能成为超级个人IP

第三章

自我定位：方向比努力更重要

　　超级个人IP成为企业和个人的心头好，每个人都能通过努力打造出一个优质的超级个人IP。超级个人IP已经成为当下的一种新潮流和趋势。但是，打造超级个人IP，做好自我定位是最基本的工作，也是最为关键的一步。因为任何时候，方向都比努力更重要。方向不对，后面的努力也是徒劳。

领域定位：选对领域事半功倍

当下市场竞争那么激烈，都在为赚取流量红利而奔走。打造超级个人IP，非常重要的一点就是选择赛道。很多时候，如何选择适合自己的领域，也是一件十分迷茫的事情。我们站在十字路口，却不知道究竟该如何选择适合自己的。

与其不明所以、临时起意，不如静下心来认真思考。三思而后行，方能成事。就我多年来的经验，我认为其实只要掌握以下几个要点，选择一个适合自己的领域去打造超级个人IP并不难。

1. 选择自己喜欢的领域

俗话说："喜欢才能热爱，深耕才能生根。"做任何事情，其实都是这个道理。只有自己喜欢的事情，一个人才会花时间去深入研究，才有不断坚持的动力。如果不喜欢，即便强迫自己去迎合，强行让自己去做这件事，效果也会差强人意，甚至适得其反。

成功的人不一定有天赋，但一定会热爱。所以，打造超级个人IP，选择自己喜欢的领域很重要。

> 比如，我们喜欢美术，就可以选择美术作为自己的赛道；喜欢做情感分析和指导，就选择情感领域；喜欢做美妆护肤，就选择美妆领域。

2. 选择自己擅长的领域

选择自己喜欢的领域是一方面，还要注意选择自己擅长的领域来打造超级个人IP。世界很大，领域有很多。选择我们熟悉又擅长的领域，可以让我们在打造超级个人IP的时候更加得心应手。在选择自己擅长的领域时，一定要问自己一个问题，就是"我能在哪个领域成为最优秀的人"。人们只有在自己擅长的领域才能掌握大量的知识储备，具备较强的专业素养，这对于提高超级个人IP的质量和深度有很大的帮助。

3. 选择市场前景好的领域

如果我们所喜欢的和擅长的领域有多个，那么在做领域定位的时候，要通过跟踪行业趋势、评估竞争态势，深入分析市场需求与竞争环境，在综合考量和对比之后，选择市场前景好的领域。所谓市场前景好，也就是广大用户比较关注和喜欢的领域。如果是我们既喜欢又擅长，而且还是前景好的领域，那么这个领域则是我们的首选。

打造超级个人IP，做领域定位，就像现实生活中的GPS定位一样。要善于捕捉并找到大众关注且热衷的领域，这样的领域自带流量，具有很好的发展前景。

> 发现当下大多数人喜欢的领域呈现出三个特点：
>
> 第一，人们越来越倾向于关心和关注涉及利益的领域，如理财、创业、房产、职场等；
>
> 第二，有关母婴、教育类的领域人们关注的量比较大，因为每一位家长都对孩子的成长和教育非常重视和关心，自然也就热衷于这些领域的内容；
>
> 第三，随着人们物质条件的不断提升，人们更加趋向于关注物质之外的满足，如心理类、运动健身等领域。

4. 评估自身资源和能力

在做领域定位的时候，还要充分审视自己所拥有的资源和具备的能力。无论是学识、思维，还是能力、经验，这些都是推动超级个人IP成功打造的宝贵财富。合理利用这些资源和能力，就能让我们所打造的超级个人IP在激烈的竞争中凸显优势，帮助我们在激烈的市场竞争中快速脱颖而出。

选对适合自己的领域，才能发现属于自己的蔚蓝海域，为成功打造超级个人 IP 提供有效助力。

最后，我还要提醒一下，做领域定位，还要遵循以下几个原则。

原则一：不盲目跟风

市场中的领域有很多，有的人在某个领域做超级个人 IP 做得非常成功，有的人就会跟着去做。要知道，每个人所拥有的资源、能力、技能、思维、学识、经验等是有所不同的。别人有的，我们不一定也有。或者那些成功的人，他们做超级个人 IP 的时候正好踩在了风口上。当我们切入的时候，风口正好错过，这样，我们跟风去做的话，失败率就很高。

原则二：避开竞争

同一个领域，如果其发展前景都被人们看好，就会趋之若鹜地向这个领域靠拢。此时，即便是我们所喜欢的、所擅长的领域，也要想方设法避开锋芒，另辟蹊径。如何实现呢？就是在这个领域去挖掘同行还没有挖掘到的点去做深挖，将这个领域进行细分。然后在这个细分领域去占领用户的心智，专注于非常细分的领域去做第一。

原则三：学会取舍

我们所做的每一次选择，都需要做取舍。在这个瞬息万变的市场中，不熟悉、不擅长的领域，即便再有前景，也要有所"舍"；在前景大好的领域，找自己熟悉、擅长的领域则是"取"。只有懂得取舍的人，才是真正具有智慧的人。这对打造超级个人 IP 来说，也是一种不可多得的素养。

找到适合自己的领域，就像找到了一把开启打造超级个人 IP 成功大门的钥匙。掌握科学、有效的方式方法，能够助力我们快速取得成功。

身份定位：从自身擅长领域出发

打造超级个人IP，首先就要做身份定位。身份定位，简单来说，就是明确"我是谁""我是做什么的"。目的是在与受众沟通时，让受众明白，我们是做什么的。比如，我们的身份标签可以是律师、教练、学霸等。

身份越特殊，越容易被受众关注。比如，同样是做讲师，可以将讲师做进一步细化，可以是做管理培训讲师、知识传授讲师、服装穿搭讲师等。这些身份标签更加清晰，更能让受众了解我们是谁，更容易赢得受众的关注。

一个好的身份定位，可以给受众带来非常大的"身份感"。

> 比如，如果五个人都穿相同颜色的衣服，我们并不能快速看出他们有什么差异和特点。但如果其中有一个人穿着不同颜色的衣服，我们就能通过视觉在第一时间发现他的与众不同。

这就是身份定位的意义，具有差异化的专属身份，更能让我们快速脱颖而出。

如果陷入一个错误的、有偏差的身份当中，超级个人IP将失去力量，也会失去精准用户。因为，我们做的身份定位，影响着我们的价值观、行为等。因此，在做超级个人IP定位的时候，很有必要首先完成自我身份上的定位。

那么如何做好身份定位呢？这里我分享自己的几个小技巧。

1. 从擅长领域出发

很多时候，擅长什么才能做好什么，可以说特长和优势就是一把在竞争中取得胜利的利剑。打造超级个人IP，最重要的就是对用户进行"攻心"。做身份定位，最佳的方法，就是从自己擅长的领域出发，做自己擅长的事情。再加上我们本身在自己擅长的领域已经掌握了很强的专业知识，有相对高明的见地，在某方面有很强的话语权，更容易获得用户的信赖。因此，从擅长领域出发做身份定位，是打造超级个人IP定位的一个重点方向。

2. 定位清晰且明确

做身份定位，应当做到清晰且明确。这样我们打造的超级个人IP与之对应的目标和行为边界就容易明确，让我们时刻明白自己该做什么，如何去做。还能具体清晰地告诉受众，我们能为他带来什么帮助、解决什么问题。

打造个人IP，必须构建出有价值的身份，通常有三种人才价值发展方向。

（1）专精型人才

从自身擅长的领域出发，还需要在这一领域做纵深发展，让自己的专业性和内在价值更加凸显，这也就是我们通常所说的专家。

> 比如，马未都，他将自己的个人特质、理想兴趣、人生经历、职业成就等高度统一起来，给自己做了一个"古董收藏界专家"的身份定位。他还建立了观复博物馆，还专门开辟了《观复嘟嘟》视频专栏，把自己打造成一个专精型人才，为打造超级个人IP做了十分明确的定位。

（2）复合型人才

如果说专精型人才是从纵深层面上，在自己擅长的领域去做深入的价值发挥，那么复合型人才就是从水平层面上探索自己的宽度，做多元化发展，也就是多元化身份的一种体现。

复合型人才，必须具有开放的思维格局和强大的兴趣导向，对多个领域都有较强的知识掌握能力和价值输出能力。

每个人在社会中生存，都会被赋予不同的身份，身份定位不清晰或错误，会影响到我们超级个人IP打造的效果，无法达成预期目标走向成功。运用好身份定位和身份意识，既不会让我们自我消耗，还能帮助我们在打造超级个人IP的时候能够做到事半功倍。

人格定位：快速抢占用户心智

身份定位是超级个人 IP 定位的第一步。有了身份之后，就需要做人格定位。目的是让受众通过我们设定的性格、情绪、情感更好地了解我们是什么样的人。换句话说，做人格定位，就是为了快速抢占受众的心智。

好的人格定位，能够让受众感知到我们是一个充满温度、温情的人。这也是为什么打造超级个人 IP 需要做人格定位的原因。

人格的种类有很多，但如何才能通过人格的呈现来发挥自身优势，提升自身市场竞争力，才是做人格定位应当考虑的关键所在。根据当下大众的价值观，以及主流推崇的人格，我在这里特别总结了以下五种人格设定类型。

1. 敢于打破并重建游戏规则的人

有些人他们思维开放，内心不甘屈居于现状，具有强烈的创新精神。他们非常害怕陷入泥潭，自己的脚步受阻，他们喜欢用自己的新思维、新方法去打破现有规则，并进行积极创新，对当下所面临的问题，给予快速解决。

而且，这类人还对新奇的事物充满了好奇，表现出极大的兴趣。他们希望自己周围的人，同样可以打破思维禁锢，带领大家一起进入一个美好的世界。这类人以创新为核心，以此吸引受众的关注。

> 比如，乔布斯就是一个典型的创新型人格。乔布斯以"想象力与创造力的终极偶像"甚至"改变世界的代言人"的形象，向大众传输了其敢于打破并重建游戏规则的人格特点。此外，在对产品的研发和生产方面，乔布斯也十分执着于产品外观和性能，以及用户体验的创新。他还不断对传统技术和工艺做出挑战，寻找新的突破口，让人们看到了科技的无限可能。这些都给乔布斯创新型人格定位做了很好的铺垫。

2. 有远见和远大目标的人

有一类人他们大胆且有远见，非常善于学习和探索，因此他们知识面非常广，学识非常丰富。这让他们对世界有更加深刻的了解，使得他们形成了坚强的信念和远大的理想、目标。这类人往往充满了智慧，在人们第一次见面的时候，就被其智慧和学识所吸引。

> 任正非在创业、用人、管理、竞争等方面发表过很多充满智慧的公开讲话。在创业方面，任正非用锲而不舍、永不放弃、奋斗不息的精神，创造出伟大的事业；在用人方面，他对人才的选拔、录用等有自己的一套模式；在员工管理方面，他用制度这柄富有法制气息的利器将华为逐步带入"无为而治"的境界；在市场竞争方面，任正非用"竞合"与"先僵化，后优化，再固化"的方式为自己打造了强大的竞争力，实现了华为"只做第一，不做第二"的伟大梦想。这些都是对任正非有远见、有远大目标人格定位的最好支撑。

3. 有计划、执行力强的人

有一类人他们不会沉迷于过去，也不会为未来而担心。他们活在当下，做任何事情都有计划性和目的性，会为了目标实现而专注和努力。他们做事效率很高，执行力也很强，非常善于捕捉细节。

> 巴菲特超级个人IP成功打造的秘密，就是专注力的人格定位。巴菲特几乎将自己的一生都投入到投资世界里，对于其他，如艺术、文学、科学、旅行等充耳不闻。因此，他总是能恰到好处地把握投资时机，并快速执行取得惊人回报。这样一个有专注力的人，做事的时候，会走一步看三步，一旦发现时机成熟，就会奋力而上。由此，巴菲特有计划、执行力强的人格定位也就成功落地了。

4. 富有感染力的人

还有一类人，他们为人十分亲和，有魅力，同时还十分善于表达，说话用语十分感人，慷慨而激昂的话语，给人以温暖且非常具有说服力。受众在听了之后很容易在情绪上被感染，让人对未来的生活充满希望，并有立刻行动起来去追逐梦想的动力。

这类人，非常善于直戳人内心最柔软的地方，调动别人的情绪和感官，让人内心振奋，充满积极向上的能量，也因此吸引人们的喜爱和关注。

5. 自信且有进取心的人

最后一类人，就是有自信且有进取心的人，他们有很强的自信，不会轻易被别人的消极观点而影响。他们做任何事情总是充满自信，能用积极的态度去面对一切，相信通过自己的能力和努力，可以创造出更加美好的未来。

人格情感越丰富，人格魅力就越大，就更容易吸引受众关注。人格定位是打造超级个人IP的加分项。做人格定位，需要明确以下几点：

第一，需要我们从自己的视角去做自我认知，明白自己具备什么样的人格特点。

第二，需要从他人视角，如亲人、朋友、同事等的角度，了解别人眼中的自己是什么样的人格。

第三，每一个人对自己的认识，是一个不断动态的过程，会随着环境和情境的变化而变化。在这个过程中，我们对自己的人格定位要不断完善。

人格定位是个体自我心理健康、自我认知的重要体现。在做人格定位的时候，我们应当充分正视自己，要善于从多角度挖掘和自我反思与评估，从而塑造一个积极的自我人格定位，推动超级个人IP的成功打造。

价值定位：扬长避短展现优势

每个人在所处的社会、工作当中都承担着不同角色，也蕴藏着不同的价值。就好比商场里琳琅满目的商品，都有着不同的定价，定价高的商品，价值就很高。

这些商品价值的高低取决于其品牌的知名度、货品的优劣度、用户体验满意度等多种因素。价值越高，给用户带来的感觉就越好，也越能吸引更多用户的认可和喜爱。

同样，我们每个人的价值也会受到环境、学识、思想、能力等多种因素的影响。一个人的价值越高，受到用户尊重和青睐的程度就越高。

输出价值、放大价值，提高受众度，是打造超级个人IP的底层逻辑。所以打造超级个人IP的一个重要定位就是价值定位。

价值定位，也叫作优势定位。简单来说就是：个体对自我优势的评价和认知。你的优势也就是你的价值。

俗话说："花有百样红，人与人不同。"每个人都是唯一的生命个体，也因此拥有了独特的个性特征和价值差异。每个人内在的优势和潜能我们可能暂时看不到，但这些优势和潜能都有其存在的意义和价值。

那么我们该如何做自我价值定位呢？我认为，最重要的就是了解自己的优劣势。

人无完人，每个人都有自己优秀的一面，也有自己劣势的一面。了解自己的优劣势是做价值定位的基础。

打造超级个人IP，就是要充分展示自己的优势与价值，实现个人价值的最大化，让受众更好更快地喜欢上我们。因此，要想成功打造超级个人IP，必须先对自我进行全面且深入的分析和评估，应当包括个性特点、个人技能、兴趣爱好等多个方面。

了解自己的优势和劣势，我在这里分享几个简单的方法，可以通过以下几种方法来实现：

1. 探索自我

了解自我，首先可以从自身出发探索自我。人生最困难的事情就是认知自己。现实生活中，很多人从来都没有很好地认识过自己。他们并不明白自己的优缺点是什么，要么认为自己完美无缺，要么认为自己一无是处。想要做价值定位，就要做到真正地认识自我。通过对自己的兴趣、性格、价值观、才能等的了解，做一个自我评估，找到自己身上的优势和特长。

2. 倾听内心的声音

有的时候，我们对自己的了解并没有想象中的那么多。这就需要我们倾听内心的声音，从中深挖自己的优势。我们可以通过对自己提问，如"我擅长的是什么？""我能给别人带来什么帮助？""我能解决哪些行业或人群的问题？""我做过最成功的事情是什么？""我所掌握的最好的一门技能是什么？"回答这些问题的过程，就是一个倾听自我内心声音的过程，从而更好地了解自己的优势与价值。

3. 找到自己的使命

每个人都有自己的使命。明确自己的使命，就找到了自己人生的目标和方向。由此，我们也就知道自己应该为社会和他人做出什么样的贡献。这也就是我们的价值体现。

4. 从外部探索

每个人都活在一个社交圈里，周围的人、环境、文化组成了外部世界，同时这些也都是我们需要接触和了解的。在对外部世界了解的过程中，我们也能通过社交圈很好地了解自己，找到自己的定位和价值。

普通人看来，打造超级个人IP并非易事。但明确自我价值定位，则可以让自我价值更加凸显和明确，这对于我们在市场竞争中脱颖而出大有裨益。

用户定位：精准明确目标受众

打造超级个人IP，重点还需要做好用户定位。做用户定位，能精准找到目标用户群体。这无疑是提升超级个人IP粉丝的关键所在。

做用户定位，好比给用户打上标签。做好用户定位，对于超级个人IP的打造有着十分重要的意义，包含两个方面：第一，就是要明确自己的目标受众是谁。这包括目标受众的年龄、性别、职业、兴趣、爱好等基本信息，还应当包括用户在平台上的活跃时间、浏览习惯等。第二，给用户定位，在一定程度上可以确定部分忠实用户为核心用户。

在明确目标用户是谁、明确目标用户的需求是什么之后，我们的能力和输出的价值正好被目标用户所需要，此时我们打造的超级个人IP才能真正实现商业化。

在这里，我分享几个我经常用到的用户定位的方法，帮助大家踏过"没有石头的河"。

1. 做市场调研和分析

做用户定位，首先要做市场调研和分析。具体就是通过问卷调查、数据统计、竞争对手分析等，将市场信息（包括目标用户的消费习惯、购买需求等）收集和整理，这些数据是后续用户定位的重要依据。

2. 构建用户画像

在掌握了足够的数据信息之后，就可以利用这些数据构建用户画像，了解目标用户。用户画像，就是根据用户的属性、偏好、生活习惯、用户行为等信息，用抽象的方式为用户打造标签化模型。简单来讲，就是给用户贴上标签，通过标签来对用户信息进行提炼，从而将用户进行分类。通过用户画像，可以对用户进行高度概括，更加容易描述用户特征，进而为用户提供更加契合其喜好的内容，更好地引导用户转化为消费者，也为后续定位策略制定提供指导，实现营销目的。

3. 数据挖掘和分析

如今，科技的力量日益凸显，我们可以充分借助现代科技手段，如大数据分析、人工智能等技术，再结合市场数据进行深入挖掘和分析，挖掘用户的隐性和潜在需求和行为习惯，从而对用户有更加精准的了解。这也为用户提供个性化内容和服务做好了准备。

4. 做细分市场定位

细分市场就是把整个市场进行精细化划分，不同细分市场中的客户群体各不相同，每个细分市场中的客户群体具有一定的共同特质。

做细分市场定位，主要是为了更加精准地识别和了解目标客户需求，从而制定更加有效的营销策略，提高市场占有率，降低市场竞争力，提高用户定位效果。

做细分市场定位，通常有以下几种方法：

（1）差异化定位

在市场中，有很多人打造属于自己的超级个人IP，当然也不乏有很多人定位的市场领域相同。这样，个体之间的竞争就会异常激烈。如果能做到避开锋芒，另辟蹊径，走差异化道路，则相对容易一些。

> 比如，别人都是基于律师领域打造的超级个人IP，我们虽然也是涉及该领域，但完全可以将这一领域进行细分化，将自己的用户定位为婚姻律师，或者房产律师，或者继承律师等细分市场领域，从而与他人的超级个人IP形成差异化。

（2）专攻某一细分市场

即便是相同的市场领域，也有很多细分市场，我们可以选择自己喜欢或擅长的某一特定细分领域作为自己的主战场，并专注于满足该细分市场的需求。

> 比如，教育领域也有很多细分市场，有成人教育、老年教育、青少年教育等。知名教育家李玫瑾就将青少年教育作为自己的主战场，并专注于该领域用户需求、价值内容输出，以满足家长的教育需求。

5. 持续优化和调整

用户的需求是会随着市场的变化而不断变化的，用户定位也应当是一个不断迭代和优化的过程。通过分析用户数据的及时反馈，了解用户的需求变化，从而不断优化输出内容，以满足用户不断变化的需求。

总之，通过精准定位用户，可以明确用户需求，同时能更好地指引我们输出与用户需求相匹配的价值内容，进而吸引和保留更多的用户，有效提升超级个人IP的价值和市场竞争力。

平台定位：适合自己的才是最好的

"酒香还怕巷子深"。当下，市场竞争异常激烈，人人都在通过各种渠道为自己做宣传和推广。随着互联网的快速发展，新媒体平台的数量和种类越来越多。对于想要做自我推广的个人来说，选择适合自己的推广平台至关重要。

那么，面对如此众多的新媒体平台，我们该如何有效选择最适合自己的平台呢？我根据自己的经验，在这里分享一些实用的选择技巧。

1. 了解目标受众与用户画像的匹配度

知己知彼，百战不殆。在选择适合自己的新媒体平台之前，我们首先要明确自己的目标受众是哪类人。因为，不同的新媒体平台，其上聚集的受众人群有所不同。要深入了解目标受众与平台用户画像的匹配度，目标受众与平台用户画像匹配度越高，这样的平台越是最佳选择，越能实现个人宣传效果的最大化。

（1）年龄与性别

不同年龄与性别的目标用户，对新媒体平台的使用习惯和偏好有所不同。

> 比如，年轻用户更加喜欢微信、微博、博客等社交新媒体平台。中老年用户更加倾向于使用QQ、电子邮件等传统媒体平台。

（2）兴趣和爱好

充分了解目标受众以及平台用户的兴趣和喜好，通过二者的匹配度，可以帮助我们很好地选择适合自己的宣传平台。

> 比如，如果目标受众对知识十分渴求，可以选择知乎，这里更加适合做专业领域的知识推广；如果目标受众是喜欢旅游的人群，可以选择一些旅游类的社交媒体平台做推广。

（3）地理位置

不同地区的目标用户，对新媒体的使用也有一定的偏好。我们可以根据自己的市场地理位置选择在当地更受喜爱的新媒体平台做推广。

> 比如，如果目标用户是东南亚用户，他们可能更加偏好于 Instagram 和 TikTok；如果目标用户是北欧用户，他们更加喜欢使用 YouTube 等平台。

2. 了解新媒体平台特点和功能

每一个平台都有自己的特点和功能。充分了解平台特点和优势，包括用户流量和活跃度等，以便选择适合自己的平台做推广。

（1）社交媒体平台

社交媒体平台，如微信、微博，这类平台主要的功能是社交，其用户群体较为广泛，每日活跃用户计以数亿，可以作为重要的推广平台。比如，微信的朋友圈、公众号等，都是很好的自我推广渠道。

（2）短视频平台

以抖音、快手为代表的短视频平台，主要是以内容的形式展示给用户，以此吸引用户的注意力。这类平台有传播速度快，但持续时间相对短的特点。

（3）新闻媒体平台

新闻媒体平台，所有的媒体当中，公信力最强。如今日头条、百度新闻等，可以使用文字、视频、音频，更容易吸引受众注意力。这类平台拥有十分丰富的新闻资源和编辑团队，而且传播面十分广泛。想要快速、广泛提升我们的知名度，可以选择新闻媒体平台帮助我们在新闻资讯中做推广和宣传。

（4）垂直领域平台

有很多垂直领域的平台，主要是针对某一特定行业或领域。如知乎、蘑菇街、美团点评等。主要为用户提供专业的服务，适合特定领域进行推广和专业知识分享，以达到推广的目的。

3. 明确平台内容形式和传播方式

不同的新媒体平台，在内容形式和传播方式上有所区别。

> 比如，微信公众号更加适合长文推送；抖音等短视频平台更加适合图片与视频内容的推广。

我们在选择平台的时候，要结合自己提供的内容形式与平台对内容的要求进行匹配。只有在彼此匹配的情况下，平台才能为我们的内容做更好地传播，吸引更多用户的关注。

4. 了解平台交互方式和互动机制

具有很强实力的大型平台或者社交平台本身自带大批用户，除了分享内容可以为我们的超级个人IP做推广之外，通过与用户互动提高用户黏性，进而可以激发用户自主转发和分享，进行二次传播，这可以进一步提升我们自身的宣传效果，吸引更多人的关注。不同平台，其交互方式和互动机制也各不相同。

> 比如，知乎平台通过用户问答的方式来展现自己的专业性；抖音平台则通过点赞、评论、私信等方式与用户沟通、互动。

5. 平台推广工具与数据分析功能

在选择平台前，平台的推广工具与数据分析功能也是我们需要明确的重要方面。推广工具可以帮助我们做内容推广；数据分析功能能够帮助我们及时了解推广效果，并根据推广效果做进一步内容优化。

打造超级个人IP的过程中，做平台定位是必不可少的一环。选择适合自己的平台做自我宣传，才能达到宣传效果的最大化。当然，也要考量宣传渠道的多样化。多渠道推广有助于提高个人IP的曝光度，吸引更多粉丝。只要是适合自己的平台，多渠道传播的效果一定大于单一渠道的宣传效果。

内容定位：让 IP 价值从 0 到 1

超级个人 IP 能够为我们带来流量，吸引来用户，但要想获得持续流量和用户关注，重点还需要借力价值内容的持续输出。有价值的内容，是我们与用户建立互动和关系维护的桥梁。有效的内容定位，可以让我们的超级个人 IP 价值实现从 0 到 1 的提升。

如何做内容定位？我认为需要抓住以下几个要点：

1. 内容保持差异性

如今是信息时代，内容信息泛滥，同质化内容层出不穷。我们想要借助内容的力量来实现超级个人 IP 的脱颖而出，就要打造差异化内容，抢占用户的阅读时间。

（1）原创是核心

当前，随着科技的不断发展，媒体内容形式呈现多元化特点。但无论形式如何改变，原创内容才是这个内容为王时代背景下，唯一的出路。一味地复制、搬运内容，走不长远。

整合我们现有的资源，将其合理利用到极致，才会在内容上有所突破。既为自己打造了独一无二的原创内容，又为自己建立了内容壁垒，让竞争对手只能模仿却无法超越。这样就保护了我们打造的超级个人 IP 的唯一性。

（2）人无我有

在当前的商业环境下，同质化内容竞争激烈，通过"人无我有"才能打造出与众不同的内容，以吸引消费者的眼球和好奇心，在市场竞争中占据优势地位，进而成为市场的领导者。这也是打造超级个人 IP 差异化竞争优势的重要途径。

2. 内容要有利他性

各个媒体平台上的内容有很多，但真正能吸引受众的，还是那些能给受众带来实实在在的利益和好处的内容。能做到利他，其实也就等于在利己。这也就是我们为什么要在打造超级个人 IP 的时候，要做利他性内容的原因。

什么才是利他性的内容呢？

（1）帮助受众获得财富

财富能在一定程度上满足人们的需求和欲望，因此人们对于财富的追求和渴望是一种本能。通过利他性内容，为受众输出一些有价值的财富获取方法。如，如何从行业趋势、消费者需求方面挖掘创业机会，如何通过投资、财务管理等手段实现财富倍增等，都能很好地吸引大众眼球。

> 比如，有的超级个人 IP 将内容定位于金融财经方面，主要是向受众输出一些金融发展趋势、理财投资方向和风险规避等内容，帮助受众解密财富密码，吸引更多人关注。

（2）增长学识、眼界和能力

人们非常注重个人学识的提升以及自我眼界的拓展、能力的提升，成为自己理想中的样子。向受众输出有关提升学识、眼界、能力等方面含金量高的内容，帮助受众实现心中理想，自然能吸引人们的认可和关注。

> 比如，一个名叫"科普阿连"的博主，就是通过输出一些生活中经常出现和遇到的化学原理作为自己的内容定位，从而打造出自己科普达人的超级个人 IP 形象。受众通过这些科普内容，可以了解和学到很多自己在课堂中学不到的科普知识，受益匪浅。

（3）解决用户困难和问题

生活中，人们总会遇到各种各样的困难和问题，让人为之头疼不已。在做内容定位的时候，可以专注于目标受众痛点以及可以提供的利益和好处。向受众输出一些有关解决生活困难和难题的小妙招等，为他们解决痛点问题，自然可以发挥最大的影响力吸引受众。

（4）帮助受众成长与提升

人人都希望自己不断进步，日臻完美，推着自己活出新姿态。在打造利他性内容的时候，要定位于能够帮助对方快速成长、收获更多的内容，能够帮助到别人，才会吸引更多人的关注。

> 比如，刘畊宏将自己的内容定位为：用最专业和最高效的方法教会受众健康瘦身。对于那些需要健身、塑形的用户来讲，这无疑给他们带来了福音。刘畊宏也因此而获得了高流量，一跃成为当下最受欢迎的健身达人，其超级个人 IP 也得以成功塑造。

3. 内容具备记忆点

我们可以想象一下，眼前一件平平无奇的东西，虽然映入了我们的眼帘，但很快就从我们的脑海中消失了。但如果有某一个十分奇特东西，即便我们只看了一眼，也能深深地刻在我们的脑海中，形成长效记忆。做内容定位，也是如此。具备记忆点的内容，更有辨识度、更有存在感。

有记忆点的内容，也就是特色内容，是能给用户带来不一样感觉的内容。

（1）反差

反差内容，就是通过非常规思维，打造出新奇的内容，吸引受众的注意力，并留下深刻印象。

> 比如，李玉刚本是男儿身，在输出内容的时候，却用女儿声演唱了一首"新贵妃醉酒"，火爆全国。其运用的就是通过性别调换给观众带来了反差感。

（2）反转

平铺直叙的内容，掀不起丝毫波澜，难以在人们心中激起一丝涟漪。有反转的内容，大起大落形成鲜明对比，让人意想不到的同时，更容易引燃受众的敏感度和关注度。

比如，王七叶，她的目标就是要成为广告女王，她创作的内容就非常清奇，总是能在受众脑海中形成记忆点。

她创作的短视频内容，能将一个价格仅为几块钱的日用品，如风油精，直接做成风油精女王王冠和项链，再配上高级感的运镜和视角，将风油精拍出贵族的感觉，使得风油精的价值瞬间提升成为人们"买不起的样子"。

她还将用来刷锅的钢丝球，做成精致的"钢丝球小包"，再配上其看上去典雅高贵的礼服，做成一条广告，瞬间硬生生将钢丝球拍出了香奈儿的感觉。

王七叶的内容，在搞笑中蕴含着高贵，在幽默中夹杂着温馨，让人们在欢笑中感受到温暖和力量。这就是一种内容上的反转，在人们心目中形成强效的记忆点。也正是如此，王七叶形成了自己独有的超级个人IP，牢牢抓住人们的眼球。

4. 内容要有稀缺性

互联网的出现，使得信息过剩成为一种现象。人们对于稀缺性内容的需求比以往任何时候都要强烈。那么如何才能创造出稀缺性内容呢？

（1）时效性

互联网的出现，造就了诸多"风口"，但这些"风口"也都有时效性。谁能抓住时效性，抢先站在"风口"上创作出优质内容，谁的内容也就具备了稀缺性。在市场中最早出现的东西，往往是最具新鲜感的东西，而那些敢于第一个吃螃蟹的人，往往是最大的受益者。

（2）突出个性化

稀缺意味着第一或唯一。通过展现个性，凸显自我的方式进行内容定位，往往可以使自己独树一帜。越是凸显个性的内容，越能凸显其稀缺性特点，越能在一个空白领域快速抢占先机占领市场。

5. 内容要有创新性

老套的思维、老套的内容会让人产生疲劳感。在内容定位方面，创新至关重要。这里的创新，包括内容语言表达的创新，以及内容呈现形式的创新。

（1）语言表达的创新

一个完整的内容，包含语言表达和呈现形式两个方面。语言表达是个体与受众交流的一种方式，也是内容最基本的组成单元。创新话语表达方式，可以使我们的内容因此而变得与众不同。

> 比如，同样是做动物解说类内容，一位名叫"嗑叔磕动物"的博主，除了扎实的动物知识，还一改大众简单直白的语言表达方式，他采用一种诙谐、幽默的语言，以及穿插恰到好处的比喻、谐音、押韵、联想等，跟受众目标沟通、交流和分享。这样的内容使得众多用户喜爱不已，对他的动物小视频看了又看，喜爱不已。

（2）呈现形式的创新

内容呈现形式的创新，即从视觉化角度进行创新，给受众带来耳目一新的感觉。如今是数字主流媒体时代，内容在呈现形式上具有很强的包容性，文字、图片、音频、视频等传统呈现形式，再融入前沿科技，如VR（虚拟现实）、AR（增强现实）等，使得内容呈现形式更加具有创新性，给人以强烈的新颖感。

6. 内容要真诚走心

最后也是最重要的一点，就是内容定位贵在真实诚恳。不论什么领域的内容，无论进行何种创新，真诚、走心才是收获广大受众的"必杀技"。用真心做内容，才能打动人心，赢得大家的信任。那些花里胡哨、华而不实的东西，可能给受众带来短暂的欢乐，但难以使受众真正得以沉淀，转化为自己的忠实粉丝。

打造超级个人IP，内容定位要有针对性。没有清晰定位的内容，就像是射出去没有准星的子弹，打不中目标，不利于超级个人IP的打造，更不利于个人未来的发展。

第四章

外在塑造：
打造超级 IP 独特标签

  一个优秀的超级个人 IP 之所以能脱颖而出，外在形象塑造的作用是重中之重。做外在塑造，目的是让受众识别和了解我们是什么样的人，告诉受众自己为什么与众不同。形象是外在的，能力是内在的。形象是超级个人 IP 最宝贵的名片，走在能力之前。好形象价值百万。塑造独具魅力的个人形象，能够使超级个人 IP 具有更加鲜活的生命力。

头像设置：建立美好的第一印象

如今，新媒体平台众多，我们可以选择的宣传平台也十分广泛。不论选择借助什么新媒体平台做宣传，人们会率先查看的是我们的头像。头像是超级个人 IP 快速通往目标受众的名片，隐藏了我们想展示给外界的内心形象，受众通过头像可以快速了解我们的性格特征。头像通常是一张照片，向受众传递信息，给出一个积极的、美好的第一印象。

选择适合的照片做头像也需要一定的技巧。我总结了几点：

1. 头像选择与编辑

好的头像能够让受众在看到第一眼后，就对我们产生好感，并能被深深地吸引。需要注意的是：

（1）像素选择

一定要选择高清晰度照片。作为头像的照片，实际显示是很小的。如果照片像素不高，就会显得模糊不清，无法很好地展现出我们的美丽和特点。

（2）角度选择

选择头像照片的时候，还需要注意角度问题，以能够很好地展现自我美丽为主。通常，侧面左脸的角度显得人更加柔和、美丽，而且可以展现出颈部线条和面部轮廓。当然，可以根据自己的特点来选择适当的拍摄角度。

常见的能够拍出优雅气质照片的角度有：

①侧站

站着挺直腰板拍照，然后稍微侧身，双手自然放在一起，拍出来的照片很有气质。

②抱手臂仰头

通常拍上半身照片，可以双手相互抱着手臂，然后头向上微微抬起。

③优雅站立歪头

可以脚一前一后站立，稍微歪头。这样的姿势拍出来的照片干净、不呆板。

④坐下，身体往前倾

拍照的时候也可以坐下来，正面看镜头，双手合十，身体往前倾。

（3）光线选择

头像照片一定要端庄，拍摄光线也要用自然光线，这样会让照片看起来更加自然。可以在户外或光线充足的环境拍照，也可以在室内使用柔和光拍照。

（4）背景选择

既然是用来做头像的，就一定要注意拍摄背景的选择。尽可能地选择简单、干净的浅纯色作为背景使用，要避免杂乱和过于艳丽的色彩。这样拍摄出来的照片更能凸显我们本人的精气神。

（5）妆造选择

在妆造的选择上，要注意自己的服饰和化妆。自然淡妆加上干练的服装即可，切忌浓妆艳抹。

总之，在商业环境中，使用过于个人化或私人生活的照片会显得不够专业。最好选择能够展示我们职业形象的照片，或者能展示自信和积极态度的照片。

2. 使用自己的真实照片

网络是虚拟的、美好的，但越是这样，人们就越渴望真实。因为，网络空间虽然看起来五光十色，却是虚幻的，且存在一定的风险。"真实"则给人以确定的、丰富的、安全的感受。

因此，在设置头像的时候，一定要使用自己的真实照片。这样的照片具有很强的自我意识，能更好地向外界展示真实的自我。

3. 给人以温和且亲切感

没有人会对冷冰冰且拒人于千里之外的人产生好感，这样的人给人以距离感和"生人勿近"的感觉。用这样的照片做头像，只能让大众离我们越来越远。表情也不要选择太过夸张或嬉皮笑脸，显得不得体。

微笑自带一种神奇力量，拥有吸引人的魔法，能给人心中带来一股暖流，让亲切感在人心中油然而生，进而愿意主动靠近。

4. 专业人士头像专业化

超级个人 IP 本身就是为了通过头像塑造专业形象，建立别人对自己的信任度和好感度。因此，在设置头像的时候，要符合自己的专业特点和风格，以体现出我们的专业素质和形象。

成功的人，在打造超级个人 IP 的时候，都懂得做好头像设置，经营好自己的形象。不要小看头像设置的威力，有时候它能改变我们的命运。

昵称设置：取一个自带流量的名字

一个响亮的名字，能够让广大受众铭记于心。一个优秀的超级个人IP自带流量，可以为我们带来更多的关注度，并且能帮助我们在日后的商业化道路上一路顺畅。因此，起一个好记又上口的名字，能轻松为我们带来想要的流量，对于打造超级个人IP来说十分重要。

1. 起名方法

（1）"赛道+昵称"取名法

赛道+昵称，就是你的行业+我们的名字。这样的起名方法，让受众看到的第一眼，就知道你所在的领域是什么。之后再加上我们的名字，能更好地让受众搜索到我们，而且，这样的名字非常适合做垂直类赛道。

> 比如：嗑叔磕动物、陈屠屠教做菜、鹰眼科普等。

这样打造出来的名字，除了能更好地展现超级个人IP所擅长的领域，还能通过关键词搜索，为我们带来精准用户，提高用户的关注预期，从而提升关注度。

（2）特点取名法

这样的起名方式，不仅作为超级个人IP的名字，更代表了自己的特色，更有识别度和记忆点，便于受众记住我们。

> 比如：一个卖土豆的胖子、老马的暴躁财经等。

（3）营造场景取名法

通过场景取名，可以营造一种氛围，让用户眼前充满画面感。

> 如：深夜食堂、瑜伽女神馆、户外捕鱼等。

这类名字可以告诉受众自身内容的价值，容易让受众因为画面感而形成强效记忆。

（4）"抱大腿"取名法

"抱大腿"取名法，就是借势取名。简单来说，就是借助非常熟悉的人和事物来取名。

> 比如：奥黛丽厚本（借势于"奥黛丽赫本"）、叮叮猫（借势于"叮当猫"）、蜡笔小墩（借势于"蜡笔小新"）等。

这样的取名方式，就是对知名人物、事物改个字就可以使用。这些名字能很好地提升我们的超级个人IP的传播力。

（5）真名取名法

用自己的真名取名，是最简单、最直接的一种取名方法。这样的昵称，更有亲和力，更具真实感，能够拉近与受众之间的距离。

> 比如，尼格买提、路一鸣、雷军、罗振宇、陈安之等，这些都是用真实名字作为昵称来使用的。

2. 起名技巧

超级个人IP起名是为了给个人品牌、个人形象增添一抹亮色。在起名的过程中，应当注意掌握以下技巧：

（1）简洁明了

一个好的超级个人IP名字，应该简单易记，受众能够一眼看到我们，还不容易混淆。

（2）与个人形象相符

名字就应该充分准确表达出个人的特点和风格，因此，起的名字一定要与超级个人 IP 形象相吻合。

> 比如：如果你是一个性格开朗的人，可以选择一个比较明快的词语作为超级个人 IP 的名字。
>
> 如果你是一个内敛的人，结合自己的性格特点，可以起一个比较内秀、稳重的名字。如，凌云书法等。

（3）易联想

当受众看到我们的昵称之后，就能一下子联想到我们所处的行业。

> 比如："茶香浮影""茶韵禅心"，这样的昵称让人自然而然地联想到我们是做有关茶行业的内容。
>
> 比如："湖远行"，这样的昵称，给人的第一印象就是这个博主是一个远行者。

（4）有美感、有创意

一个好的超级个人 IP 名字，在语言上一定给人以如诗如画的美感，能向受众传达一种美好的感觉。同时还要充满创意，给人以独特感、新颖感，让人看到后眼前一亮。否则，那些没有个性、重复率极高的名字，很容易与他人混淆，这样的名字要果断舍弃。

> 比如，"念雪归尘"这个名字，从字面上看，"雪"代表高洁和美好的品质；"尘"给人以尘世或人间变化无常的感受。整个名字，看似是对自然现象的描述，其实内藏一种对人生哲学和对生命哲学的思考。可以说，美中蕴藏着哲学，既有美感，又有创意。

（5）好记易传播

名字就像一个代码，唯有好记才能让人深刻于脑海，并声名远扬。如果使用生僻字，虽然给人以创意感，但从传播学角度来讲，非常不利，会造成传播阻碍。因为生僻字很难读出来，不利于受众口口相传。

名字要简单组合、朗朗上口，既响亮又文雅的名字，才是好记且易传播的最佳选择。

（6）要积极正向

好的名字，自带正能量。那些充满正能量的名字，往往能给人一种积极向上的感觉。而那些带有消极色彩的名字，会压低我们的超级个人IP的能量和气场。

名字是一个人的第一品牌，是一个人的生命标签。好的名字自己会说话。一个好的超级个人IP名字，本身就是一句简短、直接的广告语。这样的名字不但能体现出我们自身卖点，还能够有特殊寓意，能让受众快速、高效地了解我们的核心内涵。借助以上几种起名方法，我们就能快速拥有一个自带流量的好名字。

个性签名：个性化内容构建独特标识

个性签名也是构成我们超级个人IP形象的一部分，它可以表达我们的心情、态度、理念、爱好等，展示我们的文化、品味、生活方式，传达我们的个性、价值等。重要的是，通过个性签名，可以吸引受众的注意，与受众之间建立心理连接。因此，一个优秀超级个人IP的成功打造，离不开个性签名的助力。

个性签名通常在昵称的下方。这里可以通过简单的文字做自我介绍，构建属于我们自己的独特标识，让别人能够快速了解我们，知道我们是做什么的，明白从我们这里能够获得什么有价值的东西。借助个性签名可以让受众对我们产生美好的印象，加强受众对个人品牌的记忆和认同，提高自我价值和竞争力。

那么个性签名该如何设计，才能达到更好地提升超级个人IP形象的效果呢？我认为，最好的个性签名，应当具备以下特点：

1. 自我介绍

个性签名并不是简单随意写写就好，这样就浪费了一个很好的做自我介绍的机会。在个性签名中做自我介绍，主要是为了给自己打造个人品牌、树立超级个人IP形象，让受众明白你是以什么身份来输出内容的。

> 比如，有一个名为"宽宽宽"的博主，个性签名是这样写的："140斤方圆脸美术生，仿妆界的生姜（化谁是谁，主打融入角色本身），不给美丽设限，拒绝容貌焦虑。"这个个性签名就是典型的自我介绍。

2. 展现真实自我

个性签名就是要展现真实的自我，内容越真实，越能赢得受众的信任。通过个性签名，可以让受众更好地了解我们、认识我们。通常，个性签名要反映出我们的真实情感和想法。而且，可以根据自己的状态随时更新自己的签名，让自己的签名能够更好地贴合当下自己的人生态度和状态。

3. 简洁明了

个性签名的首要特点就是简洁明了。用语简洁明了，能给人一种简短有力的感觉，能更好地传达我们的个性和态度。不要过于冗长或复杂，否则会给人烦琐或乏味的感觉。

一般来说，个性签名的字数不要超过15字，最好一句话就能凸显与众不同的自我。

4. 彰显独特自我

个性签名的句子，要凸显独特自我，不要与别人雷同或放一些陈旧的句子，如果缺乏创意或个性，就很难在第一时间吸引受众关注。通常，个性签名最好是原创句子，或者可以在已有句子的基础上加以改编，形成自己的风格和特色。

需要注意的是，不要为了凸显特色而刻意为之，或者伪装，否则大众的眼睛是雪亮的，一旦被识破，适得其反，非常不利于超级个人IP的打造。

5. 设置合适的句子

个性签名在满足以上特点的基础上，还应当注意要选择合适的句子。这里的"合适"，强调的是不要放一些过于敏感或冒犯的句子，否则容易引起受众的反感和误解。

个性签名是一种表达自我的方式。在帮助我们展现自我特点与价值的同时，也帮助我们很好地塑造了超级个人IP形象。我们要学会充分利用个性签名，展现自己独特的一面，增加受众对我们的好感度。

朋友圈打造：快速成为朋友圈的专家

我们知道，超级个人 IP 的建立，需要经历被知道→被信任→被喜欢→被追随四个阶段。

一个成功的超级个人 IP，首先要让人们感受到我们的正直、真诚、幽默、温暖、友爱等特质，然后让他们发自内心地喜欢上我们，打心里希望支持我们、帮助我们。再上一个层级，就是无论我们发布什么内容，他们都喜欢看，不论我们以后卖什么，他们都跟着我们、喜欢我们，一直追随我们到永远。

微信朋友圈本身就是亲朋好友之间相互交流的社交平台，是一个大家相互联络感情的地方。这里也是一个用来打造超级个人 IP 形象的好渠道。

微信朋友圈是一个很好的"秀场"。借助朋友圈的快速分享和传播能力，可以让更多的陌生人快速认识和了解我们，让熟人对我们产生更多的信任，最终升级和转化成为我们的粉丝和客户。所以，我们要用心经营朋友圈，把自己打造成为专家形象，在朋友圈快速出圈。

1. 朋友圈打造技巧

如何才能在朋友圈成功塑造专家形象呢？以下是我总结的几个技巧：

（1）立体展现自我

发朋友圈的目的，就是为了更好地展现自我，让更多人全方位了解自我。因此，在朋友圈里分享内容，也要有所讲究。要多分享与自己有关的生活场景和态度。受众在看到我们的朋友圈后，会真切地感受到我们真实的存在。

对于想要打造超级个人 IP 的我们来讲，晒生活抓住三点即可：与所在领域相关、展现生活态度、展现价值观。

晒生活的同时，展现我们对生活的热爱和享受。这种积极的生活态度，让人感受到我们活力阳光、乐观自信、积极向上的一面。这样的内容，会吸引受众点赞和关注，形成一种正向的互动氛围。

打造超级个人IP，要想长久地生存下去，必须给人积极正向的一面。要明确亮出我们价值观，价值观一定要正。要让受众接受我们的价值观，或者让自己的价值观与受众的价值观相统一。受众通过了解我们的生活方式和生活态度、价值观，逐渐对我们产生认可以及更多的信任。在朋友圈里，最重要的就是向受众展示我们是一个有血有肉的人。

②价值输出

朋友圈还是一个很好的内容载体。在朋友圈分享一些有价值的内容，可以为我们积累信任货币。而且，在做价值输出的时候，要本着三个基本点来做。

第一，分享成功经验和方法

人们经常会看到成功人士光辉鲜亮的一面，却不知道他们在取得成功之前，背后经历了多少失败和心酸。那些成功经验和方法，都是他们用失败的代价换来的。所以，对于那些想要绕过失败、少走弯路的人来说，能够直接获得别人分享的成功经验和方法，是人生一大幸事。

第二，分享资源，共享人脉

资源和人脉一直是人们所渴求的东西。俗话说："一个好汉三个帮，一个篱笆三个桩"，要想成大事，就需要有做大事的人脉网络和系统做支持。资源和人脉，就是一种无形且千金难买的资本。

第三，不求回报

价值分享是朋友圈做超级个人IP营销的新出路。只要我们分享的内容有价值，就可以吸引受众产生黏性。如果能够不求回报地做价值内容输出，就能将黏性进一步加固。

无论是作为老板的创业经验，还是作为宝妈的育儿经验，虽然这些内容中会存在一定的产品分享，但更重要的是通过价值内容与受众之间建立起更多的连接。在这个过程中，受众也就在不知不觉中接受了我们，对我们有了更加多层次的了解。

（2）学会做美学营销

在互联网时代，人人都需要宣传和营销。打造超级个人IP，同样需要如此。

每一个人都有一双发现美的眼睛，喜欢美的东西，这是人的天性。在打造朋友圈的过程中，也应当注意运用美学营销。

如何运用美学营销？用直白的一句话来讲，就是把朋友圈当作杂志来做。除了设置不同的板块，如个人生活秀、生活态度、人生感悟等之外，还需要注重色彩搭配、图文结合等，在版式上给人以美感。朋友圈的美学设计好比穿衣梳妆打扮，越美越吸睛。

①色彩搭配

朋友圈色彩搭配，既是个人风格的凸显，也是自己品味和审美的体现。好的色彩搭配，给人以低调而神秘，高大上又不刻意的感觉。

在色彩搭配上，每天发布的朋友圈内容，可以由图文两部分组成。文字的字体、字号通常是系统已经设定好的，我们无法更改。但图片色彩搭配完全由我们来定。

在配色上下足功夫，同样能让我们的朋友圈脱颖而出，给受众留下深刻印象。色彩搭配直接影响整个朋友圈的品质。在朋友圈设计中，美化视觉呈现是一个关键环节，掌握色彩的搭配原理和技巧，对于制作高颜值朋友圈来说，大有裨益。

不同的色彩，也蕴含着不同的情感，给人带来不同的感受。

> 红、橙、黄三种颜色容易使人联想到冉冉升起的太阳、灼灼燃烧的火焰，给人以温暖、有活力的感觉。
>
> 青、蓝、绿三色容易让人联想到广袤的天空、浩瀚的大海，因此给人一种寒冷、冷静、洁净、稳重的感觉。

在色彩搭配的过程中，要注意以下几点：

第一，紧扣主题

在色彩搭配上，要紧扣朋友圈内容主题。根据主题再结合色彩的属性和应用范围，选择能更加突出主题的色彩搭配方式。

> 如果发布的内容是有关农作物领域的内容，可以选择绿色、金黄色这类色调进行搭配。如果发布的内容是有关母婴领域的内容，可以选择给人以温暖、温馨的粉色系色彩进行搭配。

第二，色系统一

每一天发布的朋友圈图片，在色系上要基本保持一致。在整体上采用同色或同色系布局，给人以视觉上的呼应感和和谐感。切记在同一天的朋友圈图片出现颜色差异有太明显变化的情况，容易让人产生凌乱感。

②排版设计

发朋友圈，在版式上也应有所讲究。如何排布看起来更加美观也是一门学问。

第一，图片数量

朋友圈最多可以同时上传9张图片，给了我们更多展示图片的机会，让版面更丰富。无论放几张图片，只要是你喜欢的高清图片就好。

第二，人与景穿插

朋友圈图片版式设计，重点考验的是图片的排布，只要符合审美，就能通过视觉效果在第一时间吸引受众注意，赢得人们更多的关注。在我看来，最好的排布就是人和景相互穿插。这样的版式，景物做陪衬，能很好地突出个人。

一人一景排版，可以起到视觉调和的目的。否则全部放人物，会给人一种用力过猛的感觉。

> 我们上传9张图片，可以在第1、3、5、7、9奇数的位置上放人物，其他偶数的位置上放景物。这样人和景穿插，会给人好看的感觉。
>
> 或者我们可以在9张图片中，选择在第5的位置上放人物，其他位置放景物，能更好地凸显人物。
>
> 或者可以在9张图片中，选择第1、5、9对角线的位置放人物，其他位置放景物。这样排布，给人一种干净、整洁的感觉。

③配文设计

一个好的配文，也能给朋友圈加分不少。给图片配文，起到的作用是为了对图片做解释说明，让受众更加容易理解图片的含义与信息；很多时候，图片难以传达复杂的信息，用文字做辅助，可以帮助我们强调图片中的重点信息；图文搭配，更加便于分享等。

在做配文设计的时候，要注意以下几个要点。

第一，简明扼要

给图片加配的文字，字数不宜过多，简明扼要能表达清楚即可。切忌啰唆、偏离主题。

第二，易理解、易阅读

文字是给受众看的，对于不同的受众，他们的理解能力存在一定的差异。为了让每个人都能看懂配文内容，一定要保证文字易理解、易阅读。方便他人的同时，更便于朋友圈的分享和传播。

2. 朋友圈设计注意事项

（1）图文要原创

复制粘贴操作起来十分轻松，但对于打造差异化超级个人 IP 来讲，毫无益处。甚至还会造成我们的朋友圈无人问津的后果。如果我们发布的图片是独一无二的原创，且具备美学思维，那么朋友圈就是我们快速引流的入口。

（2）把控内容配比

在朋友圈晒生活，只是塑造超级个人 IP 形象的一部分。发布朋友圈的时候，要掌握合理的配比。以我个人经验，认为 6 分人设、3 分内容、1 分广告，这样的内容配比，更加科学，更有助于超级个人 IP 的成功打造。

（3）掌握发圈时间与频率

朋友圈什么时候发，多久发一次都是有讲究的。发的时间点不对，带来的流量不可观，发的频率太高会给他人带来骚扰，少了又没有效果。这就是为什么很多人在精心设计朋友圈内容并发布之后且毫无成效的原因。

①发布时间

发布时间应当结合人们的休闲、作息时间来定。这样可以提高内容的曝光度和互动效果。通常可以选择以下时间段发布：

■早晨 7:00~9:00

这个时间段大多数人在上班路上，坐公交车、地铁的时候，人们往往会拿出手机来打发无聊时间。这个时候发朋友圈正是好时候。

■中午 12:00~13:00

这个时间恰好是人们饭后休息时间，人们往往借助这个时间段让自己身心放松，为下午继续投入紧张的工作而养足精神。此时发朋友圈，是一个很好的时机。

■下午 16:00~18:00

人们忙碌一天之后，手里的工作基本处理得差不多了，而且恰逢下班回家的时间。在回家的路上，大家会拿出手机找一些有趣、有价值的东西缓解一天的工作压力、给自己充充电。此时发朋友圈是一个不错的选择。

■晚上 20:00~22:00

晚饭结束后是人们放松以及睡前闲暇的时刻，这时候人们有了充足的自由支配的时间。此时发朋友圈，是绝佳的时间段。

②发布频率

保持朋友圈活跃度，可以让受众知道我们的存在和个人动态。发圈频率要适度，既能让受众看到，又不至于让受众感到厌烦。每天最好不超过3~5条，是一个比较合理的范围。

重要的是质量优于数量，要确保每条朋友圈都有价值、有吸引力。不要为了发朋友圈而发朋友圈，这样毫无意义。

（4）贵在坚持

做任何事情，刚开始的阶段是最难的，熬过这个阶段，一切都会变得好起来。发朋友圈，也要做到坚持内容输出。平时要多积累素材，包括图片、视频、文案等，规划好每次朋友圈的选题，确保朋友圈内容输出的持续性。

（5）切忌直白营销

人们看朋友圈的目的是打发时间、增加乐趣、收获价值，如果朋友圈发布的内容营销意图太过明显，会引起人们的反感。

朋友圈是一个立体、随性、真实表达自我的地方。每一个朋友圈都是打造超级个人 IP 的微小基石。要学会了解和掌握打造朋友圈的技巧和方法，为成功构建超级个人 IP 服务。

VCR 拍摄：视觉形象形成有效记忆点

VCR 是近些年很多人用来为自己做宣传的一种重要渠道。

什么是 VCR？VCR 在影视领域的最早来源是盒式磁带录像机的缩写。随着社会的不断发展，人们对 VCR 赋予了新的意义。从最早的"盒式磁带录像机"到后来的"视频片段"，再到如今的"人物介绍视频短片"。

VCR 主要是通过直观的、有冲击力的视觉感受，给受众营造一种肉眼可见的个人形象。我经常说，第一印象很重要，视觉形象就能给人带来最直观的第一印象。

在当下相关个人 VCR 趋同的背景下，如何让超级个人 IP 形象在市场中脱颖而出，是我们需要思考的问题。要确保拍摄的 VCR，一方面要使得个人特点及相关信息更加直观、形象地呈现出来；另一方面要让 VCR 内容在目标受众当中短时间获得理想的传播效果。

具体如何拍摄 VCR 呢？

1. 不同角度的拍摄

拍摄个人 VCR，根据拍摄角度不同，通常有两种手法。

第一种，自我角度介绍

拍摄 VCR 时，站在自我角度介绍，就像是在与受众面对面做自我介绍一样。只不过，这里是用视频的方式呈现的。

在 VCR 当中，拍摄思路主要是做个人简介，讲述自己的特长，分享自己的故事和经历。而且整个介绍要以时间线为主，这样更加给人思路明晰的感觉。

自我角度介绍的方式拍摄 VCR，比专业人士的解说更具感染力，使得个人形象更加鲜活和真实。同时，这种以第一人称叙述的方式，不仅能让受众对我们的简介有清晰的认知，还能通过自我的语言表达方式，向受众展现自我风格，呈现自我独有的、丰富的内心世界。这样的拍摄手法，原汁原味，有很强的纪实感。

第二种，他人角度介绍

他人角度介绍是一种常用的拍摄 VCR 的手法。通常是以他人的口吻，把我们介绍给受众。

具体在拍摄的过程中，要根据我们的身份角色，分为不同的主题篇章来拍摄，全方位描述，从而更加直观地体现出我们的个人特点。要侧重叙述手法，减少夸张、不实的成分。

站在别人的角度去介绍，与站在自我角度介绍相比，减少了局限性，在评价的部分更具客观性，避免了"当局者迷"的片面性，而且能很好地反映出我们的社会口碑。

> 拿我个人来讲，在打造超级个人 IP 的过程中，我也为自己拍摄了 VCR 来宣传自己。我使用的手法，就是借助他人的口吻向受众介绍我自己。
>
> 在拍摄的过程中，我的 VCR 分为个人简介、个人故事和经历、爱好兴趣、践行孝道文化、文化出版、荣誉展示、高端人脉圈展示等。
>
> 通过不同的部分，向受众展示自我形象和个性特点，让人们更好地认识我。同时借助事实和数据证明自己的能力和成就。这些都是为打造超级个人 IP 所服务的。在此基础上有效地树立了自己的个人品牌形象和声誉，扩大自己的影响力，提升自己的竞争力，更好地吸引流量和粉丝。

2.VCR 拍摄风格

拍摄 VCR 也可以有自己的风格，一般由画面、语言、配乐三部分构成。可以根据我们打造的超级个人 IP 风格和特点来选择。

（1）清新简约风格

简约风格通常画面唯美，文案解说优雅，配乐优美，展现个人的发光点、积极向上的价值观等。这种风格在制作的过程中，无须做特效等处理，依然能吸引广大受众的注意。

（2）端庄大气风格

端庄大气风格常用于大型场景的拍摄，比如集会等场所，画面内容给人以很强的震撼力。在语言风格上规范、庄重感十足，背景音乐的选择上，往往慷慨激昂，直击人心。

（3）故事情节风格

故事情节风格，主要适用于讲述个人成长故事和经历。通过叙事的手法打造传情、生动、真实的故事画面。在语言表达时，更加注重生动、细腻，且富有感情。在背景音乐的选择上，偏向于抒情类音乐。

以上是常用三种 VCR 拍摄风格。我们可以根据自己的超级个人 IP 形象选择适合自己的风格。当然，要敢于尝试和创新，在风格上有新的突破，给受众带来耳目一新的视觉感受。

3.VCR 拍摄原则

拍摄 VCR，一方面是为了向受众做自我介绍，宣传推广自己的形象，另一方面是为了通过别具一格的画面、文案、音乐，让我们从杂乱的视觉信息里一鸣惊人，让人铭记于心。

（1）原创性

个人宣传片千千万，唯有不断创新、力求不凡，才能突出重围，卓尔不群。打造原创 VCR 视频，是我们创造能力的体现。"拿来主义"只能让我们的个人宣传视频在大江大浪里加速湮灭。

（2）美学性

个人 VCR 在拍摄的过程中，除了体现其实用性外，还要注意美学性特点。"美"是一种让人能够感到愉悦的东西。具有美学性的东西，往往能吸引人们的注意力。如果 VCR 具有丰富的审美内涵，具有审美价值，正好踩在大众审美喜好的点上，就能给人以强烈的、富有感染力的视听感受。这在一定程度上提升了 VCR 的美感和质感。

（3）沟通性

VCR 虽然是用来做个人宣传使用的，但其本身就是个人与广大受众沟通的桥梁。可以在拍摄 VCR 的时候，融入沟通与互动内容。这样能更好地拉近与受众之间的距离，使受众在不知不觉中爱上我们。

（4）震撼性

个人宣传短片与普通的图文介绍宣传介绍相比，在视觉上给人以强有力的冲击，让人看后产生深度思考，并难以忘怀。在拍摄 VCR 的时候，要善于在平凡的生活、经历中，挖掘个人的高光时刻，挖掘使人激动不已的意蕴，使得整个 VCR 具有很高的层次和格调。

（5）亲和性

VCR 短片中，人物拍摄细节要向受众展示自己的亲和力，亲和力越强，越能将受众悄无声息地聚集到自己周围。如果在气势上给人一种攻击感、冷漠感，会让受众内心感觉不舒服，进而产生一种疏远心理。平等、真诚、可信的情感氛围，是营造亲和力氛围的绝佳手段。

4.VCR 拍摄技巧

说一千道一万，最终都是为了拍摄 VCR 做准备和铺垫。接下来就要明白如何才能拍摄出高品质 VCR。这里分享一下我个人总结出来的一些流程和技巧。

（1）定主题

在拍摄之前，首先要做的就是确定主题。换句话说，就是要明确 VCR 拍摄的侧重点，要通过 VCR 展现人物的哪些内容，是形象展示，还是故事展示，还是个人事迹或个人荣誉展示。定主题，就是锁定拍摄方向，以免偏离想要展示的主要内容。

（2）定时间

一条 VCR，通常以短视频的形式呈现。在拍摄前，要确定 VCR 播放时长。虽然播放时长没有限制，但时间不能过长。除非内容非常吸引人，否则过于冗长，与人们快速接受精简信息的诉求相悖，很难迎合当下人们接受外界信息的习惯，会消磨受众的观看兴趣。一般控制在 3~5 分钟，且最好不要超过 10 分钟。

（3）定内容

定主题、定时长之后，就可以进入正式拍摄和剪辑环节，以确定最终的

VCR 内容。

俗话说："好马配好鞍"。优质的 VCR 内容，还需要优质的画面、配乐和字幕来协助配合与烘托。各种元素和谐地融为一体，能够有效提升整个 VCR 的艺术美感与质感，对超级个人 IP 的塑造与传播具有重要意义。

风格打造：差异化增强超级个人 IP 识别度

在这个彰显个性化的时代，超级个人 IP，代表鲜活的人物特征，更需要凸显自己的与众不同，以此提升自我识别度。

这些年，我们见证了很多人的爆红，他们都通过良好的形象输出，成功打造了超级个人 IP。

> 被誉为中国真正意义上的短视频"网红"第一人的 papi 酱，在出道的时候，就以一句"集美貌与才华于一身的女子"，再加上她几乎所有视频里都穿着舒适的家居服或休闲装，以及经常碎碎念的人设，为自己打造了独有个人 IP 形象标签。广大受众一看到、一听到这句话，就能大概了解到 papi 酱独一无二的形象特征。
>
> 再比如，李子柒，其发布的短视频中，我们不难发现，在画面中我们能从她的身上看到各种各样满含中国元素的服装。她的服装穿搭一定是经典的汉服，或者经过改良的国风服装，她的造型也一定是国风造型。

优质的内容再加上鲜明的个人 IP 形象，使得她们快速走向了流量变现的康庄大道。成功打造超级个人 IP，个人外在风格的塑造也是极为关键的一环。

那么如何打造属于自己的外在风格呢？

1. 形象风格

正所谓"千人千面"。每个人都有属于自己的外在形象风格。形象风格，就是通过对个人形象的整体设计，包括服饰搭配、发型设计、化妆设计、礼仪修养等多方面包装而展现出来的风格特点。

个人形象风格是一种个人特点的外在体现，能通过给人的第一印象，让人了解我们更多的相关信息。

个人形象风格的塑造，要抓住以下几点：

（1）服饰搭配

外表形象是人的第一张名片。打造超级个人IP，在服饰搭配方面，要保持穿着整洁，切勿奇装异服，以免给人带来不好的印象。在选择服饰搭配时，一定要结合自己的职业、日常生活、身材、气质等因素，选择适合自己的服装款式。一个能把自己的外表形象收拾干净利落的人，认真对待自己的人，才更能给人留下一个有素养的印象，给人以好感。

> 如果你是职业女性，可以选择大方得体的商务风服饰来搭配；如果你所擅长的领域是运动健身，那就选择时尚运动风的穿搭。

（2）发型妆造

发型妆造是个人形象和风格不可缺少的元素，它们可以体现一个人的气质和风格。外表形象打造，要有从"头"开始的意识。如果我们服装搭配干练得体，在发型和妆造上却不合时宜，就会给人一种不端庄、不得体的视觉感受。

男性无论是短发还是长发，要长度适宜，如果想要做造型，也要注意整体看起来清爽又有型。女性短发彰显干练，长发给人以文雅大方的感觉。可以根据自己的喜好来设计和打理。

在妆造方面，男性的妆造要学会做减法，自然的就是最好的。女性化妆除了要考虑自己的脸型和气质，还要考虑自己的职业，打造出更好更完美的自己，诠释出不一样的魅力。因此在做妆造的时候，一定要学会扬长避短，清新淡雅，切勿浓妆艳抹。

（3）礼仪修养

礼仪修养，包括我们平时的站姿、坐姿、走姿、与他人握手、神情、情绪、思想道德等方面的修养。总之就是待人接物的修养。要尽量避免大声喧哗、粗鲁无礼的行为，做到谦虚有礼，同时也要注意把控好自己的情绪。

个人形象风格决定了服饰搭配、发型妆造、礼仪修养的风格，服饰搭配、发型妆造、礼仪修养的风格反过来又很好地诠释了我们的个人形象风格。一定要注意服饰搭配、发型妆造、礼仪修养在风格上的统一。

2. 语言风格

每个人说话和表达的时候，也都有属于自己的风格。可以通过用词、语速、音量和语调展现不同的语言风格，语言风格可以是风趣的、犀利的、豪放的、慷慨激昂的等。此外，在确定好语言风格之后，我们要不断地去重复和沉淀。当别人听到我们说话的时候，通过语言风格就会第一时间想到我们。

> papi 酱也有自己的语言风格。她的语言简洁、幽默、犀利，语言风格自恋又自嘲，将大众普遍关心的话题以一种有趣的方式呈现给受众。这种语言风格更加贴近年轻人的喜好，让受众感到亲切和舒服，赢得了大众的认可和喜爱。

3. 讲课风格

超级个人 IP 的打造，重在价值内容的输出。通常可以以授课的方式向受众传授知识、经验、技巧等。如今，互联网的出现带来了媒体传播渠道的创新，除了线下授课之外，线上平台也是很好的授课渠道。授课风格也是超级个人 IP 外在风格打造的重要方法。

4. 服务风格

服务风格也是风格打造的一部分。其实，说到底，打造超级个人 IP，最终的目的还是为受众提供服务。服务风格也是一种外在风格的体现形式。

（1）亲切友好风格

在为受众提供服务的时候，可以使用温暖、亲切的语言，同时表现对受众的关心和尊重。在为受众解决问题的时候，要始终保持微笑，让受众感到舒心和温暖。

（2）专业严谨风格

在与受众交流或者答疑解惑的过程中，要用语准确简练，详细和专业，避免使用模糊不定的词汇。这样可以增强服务的专业性和可靠性。

（3）高效快捷风格

对于受众的疑问和需求，要及时给予反馈，减少受众的等待时间。与此同时，还要注重解决问题时的方式和方法，以便减少受众不必要的流程和步骤，有效提升受众的服务体验。

（4）创新灵活风格

不同的人，在服务诉求方面存在不同的需求。我们可以根据不同受众的需求，设计有针对性的服务方案，满足其个性化服务需求。此外，还要注重灵活与创新，不拘泥于传统服务模式。

5. 拓客风格

拓客方式有很多种，通常分为线上和线下两大形式，具体来讲，还可以分为更多方式。

线上可以分为社交媒体拓客、口碑营销拓客、社群拓客等；线下可以分为商圈派单拓客、户外广告拓客、扫楼扫街拓客、大型展会拓客等。

> 比如：我在拓客方面，采取的是线上线下相结合的方式，在线上通过微信添加好友，在线下通过跑会场的方式拓客。由此也就形成了我的专有拓客风格。

6. 开放的胸怀

当下市场竞争非常激烈，很多人觉得竞争对手都是自己的敌人，自己与竞争对手永远站在对立面。事实上，这样做只能让竞争从非常激烈变得异常激烈。如果换一种思维，则情况大不相同。用一种开放的心态，去接纳竞争对手和同行，温暖同行，照亮同行，牵同行的手，将全国的名流大咖都吸引到我们的平台上，实现互利共赢，才是应对当前流量红利消退的正确选择。这也可以说是一种自我外在风格的体现。

风格是内在气质的外在显露。独特的外在风格，能使我们在众人当中被快速识别，也使超级个人IP塑造的有力支撑。学会适当地给自己贴上风格标签，并不断用行动去维护它，才能真正享受到风格标签带给自己的价值。

第五章

内在精进：
持续精进，提升超级个人IP影响力

良好的个人形象可以为自己增辉。当个人形象成为我们与别人沟通的工具时，那么塑造和维护超级个人IP形象也就是一种长效的投资。超级个人IP形象的塑造，需要综合考虑外在形象和内在素质两方面的塑造。内外兼修，做一个"内在丰盛，外在绽放"的自己。

持续学习和成长

如果说个人外在形象塑造就像对产品进行包装一样，那么内在塑造则好比产品本身品质、功能、价值的包装。

作为现代社会中的一员，想要成功塑造超级个人 IP 形象，还需要不断学习和成长，从内在不断做自我精进，让自己获得全面提升，变得更"贵"，更具商业价值。

学无止境。即便我们是某个领域的专家，或者是某个领域最杰出的学者，也一定有自己不知道的、不懂的知识。承认自己的无知，才是自己得到不断精进的开始。无知的人从来不会意识到自己的不足，故步自封，沉迷于自己的世界，最终的结果就是止步不前。那些真正优秀的人，会时刻把无知当作自己成长和进步的垫脚石，在不断学习和探索的过程中，让自己变得更加强大，行得更加高远。

那么我们该如何去不断学习和成长呢？

1. 不断读书学习

常言道：读书百遍，其意自见。也有古语说："温故而知新"。每一个领域，都有非常经典、专业的书籍值得我们反复去阅读。而且不同的时间、不同的年龄去阅读，也会有不同的收获和感悟。

在这个快速变化的时代，时刻保持学习力，是赢得持续竞争力的关键。打造超级个人 IP 同样如此。我们需要不断读书学习提升自己的专业素养和知识水平，以便保持相关领域中的专家形象和地位。

> 比如：就我个人来说，我从不抽烟、从不喝酒，从不打麻将，唯一不变的爱好就是读书、学习、做学问。有人说我的业余生活过得太单调，但我却不这么认为。我觉得读书学习本身就是一种

> 享受，是一种习惯。读书和学习也让我在事业上赢得了人生中的一次次进步和成长。

2. 学习他人经验

超级个人 IP 的打造不是一蹴而就的，需要我们精心去打造。在这个过程中，唯有不断学习，才能使得超级个人 IP 得到不断突破。但学习就像跑马拉松，不是百米冲刺，而是一个漫长的过程。在这个过程中，有的人会独自学习和探索，有的人则喜欢向有经验的人学习。

学习他人的经验，一方面这往往是帮助我们不断提升自己，为我们的成长铺平道路，让我们少走很多弯路。另一方面，他人所掌握的经验，是通过长期的实践和不断尝试，以及总结才得以积累而成的。学习他人经验，可以让我们减少很多失误和失败，节省大量时间和精力。

正所谓"三人行必有我师"。所以，不要认为自己是最厉害的人，更不要故步自封。我们可以通过网络、社交媒体、行业协会等渠道，寻找在相同领域有经验的人。然后，我们要保持一颗谦虚的心，认真请教和聆听他们宝贵的帮助和建议。在学习之后，还需要及时做出反思和总结，以便将别人的经验更好地汲取和吸收，转化为自己的知识和技能等。

3. 付费学习

任何时候，要保持谦虚和低调的态度。看到有价值、对提升自我有益的内容，即便付费，也是非常值得的。可以通过一些线上有权威性的付费知识平台学习，也可以通过线下图书馆等查阅相关资料、专业书籍等，为自己"充电"。

在这里，我特别提醒一下，如今，线上知识付费平台众多，一定要擦亮眼睛。在挑选平台的时候，不妨多做比较，除了对比差异和优缺点之外，还要选择那些正规、知名的平台，才能为我们提供真正有价值的学习内容。否则投入了大量资金却没有得到应有的回报，甚至还可能对我们打造的超级个人 IP 形象大打折扣，那可就是"赔了夫人又折兵"了。

4. 拜访大咖

人外有人，天外有天。经常拜访一些大咖是很有好处的。通常，这些大咖见多识广，具有很强的影响力。在拜访他们的过程中，虽然看似一些简单的吃饭、喝茶、聊天、讨论问题，在一起互动，但这个过程也是一个开眼界的过程。在这个过程中，我们会听到自己以前听不到的话，学会一些自己以前学不到的东西，甚至有可能获取一些极具价值的建议。这样，我们的所见、所闻、所想、所思叠加在一起，获得极大的启发，能够让我们赢得无比巨大的收获，整个人的格局、远见等能够得到极大的提升。毕竟见人聊天的速度会比自己读书更快。

如果我们恰好是一个善于沟通的人，而且自己还有不错的表现，并能赢得大咖的认可，那么这些大咖会认为我们是可以结交的朋友。于是，我们也为自己争取了与大咖更多接触的机会，也获得了更加长效的、与大咖互动学习的机会。另外，从打造超级个人IP的外在形象来说，与大咖结交，也在一定程度上，有效增强了超级个人IP的影响力。这也正是为什么很多人都希望能与"股神"巴菲特共进午餐的原因。

打铁还得自身硬。坚持学习，开拓视野，增长学识，提升能力与素养，才能使我们打造的超级个人IP有更多吸引受众的魅力，以及应对市场竞争的底气。

持续坚持和改变

时代是不断向前发展的，作为新时代浪潮下生活的我们，需要站位更高一些，思考更远一些去审视我们自己。在变与不变中不断提升自己，打造出更加优秀的超级个人IP。

相信，在很多人看来，"变"与"不变"本身就是两个矛盾的方面。在我看来，两者看似矛盾，其实并不冲突。坚持本心和灵活变通相结合，才能让我们的人生和事业迈上更高峰。如果盲目改变和创新，却丢失了初心，远离了本应该坚守的超级个人IP的内核，那么这种改变也就失去了意义。

那么我们要坚持的是什么？要改变的又是什么呢？

1. 坚持

超级个人IP的核心就是个人的影响力和美誉度。这是打造超级个人IP唯一不变的核心目的。无论我们做什么，都围绕这个目的进行。

每个人都希望打造的超级个人IP能够为自己建立强大个人品牌和影响力，实现个人价值变现，实现财富自由。坚持提升自己的专业能力，是自我专业水平不断精进的根本，也是超级个人IP塑造必不可少的基石。

我在这里分享几个提升自己专业能力的实用方法。

（1）坚持学习

持续学习，养成良好的学习习惯，是提升自我专业水平的重要方法。

（2）坚持经验积累

持续学习固然重要，但将所学知识学以致用则更为重要。只有将其应用于实践，才能发挥其应有的价值。在实践的过程中，可以将所学知识转化为实际操作能力。在实践的过程中，会有成功也会有失败，无论何种情况，都是一次很好的积累经验的机会，更是不断改进和提升自己的机会。

（3）坚持合作与交流

如今是"竞合"时代，单枪匹马在市场中的竞争能力有限，也增加了被市场淘汰的风险。与优秀的同行合作、交流与分享，方能让自己专业水平的提升达到 1+1>2 的效果。

2. 改变

很多时候，我们会因为自己在某个领域有一些成就，就陷入了"能力陷阱"当中。这其实对于我们的内在塑造，是一种自我限制。这样我们就难以突破自己，难以获得成长，不利于超级个人 IP 的成功打造。因此，要注意"能力陷阱"对我们的束缚。"思变"是帮助我们跳出"能力陷阱"的绝佳途径。思变求远，向新而行。

（1）改变"一招鲜吃遍天下"的心态

现在是一个"快餐式"时代，一切都在快速发生着变化。以前一个人只靠一技之长就能获益一生，如今需要多重技能傍身才能跟上时代步伐，否则早晚会被他人所取代。因此，要改变"一招鲜吃遍天下"的心态，通过自我改变提升个人 IP 的综合素质。

如今，知识迭代更新速度很快，提高了人们的认知水平。如果我们没有及时更新自己所掌握的知识，很难满足受众需求，更难以建立良好的超级个人 IP 形象。要转变思维方式，通过实践、培训等方式，不断更新自己所掌握的知识，为个人 IP 增值。

（2）调整自己的策略和方向

市场发展瞬息万变，要根据市场反馈，以及自身发展需要，不断调整和优化个人 IP 发展的方向和策略，为超级个人 IP 注入活力和新鲜血液，以此更好地应对市场变化，迎合时代发展的需求和喜好。

坚持该坚持的，改变该改变的，一切都是为了让我们的内在得到升华和提升，为了超级个人 IP 形象的成功塑造。在坚持中寻求改变才能走向理想的终点。

持续做好心性精进

每个人在成长的路上，有成功也有失败。打造超级个人IP的时候，相信也会遇到坎坷和问题，也会迎来自己的高光时刻。

遭遇坎坷和问题的时候，很多人会因此而情绪低落，甚至想要放弃。迎来高光时刻之时，通常会萌生骄傲自大的念头。殊不知，人一旦自高自大，眼高于顶，内心就会开始松懈，就很有可能会离自己既定的航线越来越远。在打造超级个人IP的过程中，不论遭遇好的，还是坏的经历，我们都要持续做好自我心性精进，让自己的内心变得更加成熟和强大。

这里我从多方面探讨一些自我心性精进的方法。

1. 正视自我情绪

在打造超级个人IP的过程中，有些负面情绪不要回避。勇敢地面对它们，并深入分析其产生的原因。通过了解自己的情感状态，更好地掌控自己的情绪，进而培养出更为坚韧和稳定的心性。这样在之后个人IP塑造的过程中，才能以更加稳定的心性去面对和应对遇到的各种情况。

欲成大事者，必先修心。成功者与失败者之间的差别，很多时候就在于是否能掌控自己的情绪。简单的事情不要烦恼，复杂的事情不要急躁。真正的强者，遇事时总是能微微一笑，用最温柔的态度解决最严厉的问题。情绪稳定是个体打造超级个人IP必备的顶级修养。

2. 反思经验与教训

经验与教训是个人成长路上最好的老师。在之前打造超级个人IP的经历当中，有过的成功和失败，都非常值得我们去反思，并总结经验与教训。通过反思，我们能够认识到自己的优点与不足，也能从经验和教训中去其糟粕，取其精华，学习到很多有用、有价值的东西，以免在接下来的道路上重蹈覆辙，能够做出更加明智的决策。

3. 坚定内心信念

很多时候，人们在塑造超级个人IP的路上，遇到挫折和难题，比如宣传效果差、引流效果不乐观等，就会打退堂鼓，想要半途而废。如果此时放手，那么失败就成了既定事实。如果内心充满坚定信念，相信挫折和难题是暂时的，相信办法总比困难多，也就在最艰难的时刻咬紧牙再坚持一下，并且寻找相应的解决办法，就能很好地把眼前难题攻克。

挫折往往是你强它则弱。信念是一种十分强大的力量。心中有了信念，眼前的挫折和难题也就成了塑造超级个人IP路上的"小插曲"。无伤大雅，却能助力我们的心性快速成长。

4. 培养积极乐观心态

乐观主义者在每一次危机中都能看到机会。在这个世界里，相同领域超级个人IP之间的博弈，在人人能力都势均力敌的情况下，谁更加积极乐观，谁就更容易获得成功，谁也就代表了这个时代、这个领域的方向。保持积极乐观的心态，才能在危机中寻找到新的机遇和可能性。这往往是我们能够产生超常规思维的创造性来源。

5. 不断超越自我

每个人在打造超级个人IP的时候，都有自己擅长的领域，也能将自己擅长的东西发挥到极致。不少人会因存在感和满足感而停滞不前，认为自己就是最了不起的，无人能及。人一旦有了这种想法就非常可怕，会将自己逐渐推到岌岌可危的境地。

时刻保持谦逊的心态，不断挑战自己，追求更高的成就，不断超越自己，方能实现超级个人IP价值的最大化，为自己的人生增添更多的光彩。

总之，良好的自我心性可以磨炼人的意志，克服人性中的弱点，增强自我修养，让人由内而外变得更加强大。自我心性的精进，是一个持续不断的过程，是超级个人IP通往更高境界的阶梯。

持续专注与聚焦

在这个信息爆炸的时代，我们每天都会接收到海量信息和各种诱惑，人们的注意力很容易被各种纷繁琐碎的事物所分散。但一个人如果想要真正取得成功，就必须学会筛选和排除，只专注于自己真正热爱和极力想做成的事情。当我们专注、聚焦于这件事情的时候，就会发现，专注与聚焦能让自己释放出无法估量的巨大能量。

成功打造超级个人 IP，同样需要集中精力去做专注与聚焦。心无旁骛，减少一切诱惑和干扰，用最短的时间、最大限度地专注和聚焦于超级个人 IP 的打造，引爆个人品牌，能够帮助我们在职场或社会中获得更高的知名度和影响力，还能为个人事业和品牌带来更多的机会和价值。

专注去做一件事情，是一种需要培养的重要能力。它能帮助我们提高打造超级个人 IP 的工作效率，进而取得更好的成果。

1. 不轻易更改目标与定位

超级个人 IP 的目标与定位一旦确定，就不要轻易更改。外界各种诱惑因素，会吸引人们趋之若鹜一般盲目跟风。如果没有定力被吸引，结果只能如猴子一样，为了捡一粒看似诱人的芝麻而丢了手里原本有的西瓜，最终一无所获。要知道，别人做得好的东西，我们未必跟风就能获得同样的成功。面对诱惑，最重要的就是能保持内心平和，集中精力去努力实现既定的目标，并循着精准定位的方向一直走下去。

> 我从 19 岁开始登台演讲，至今已经过去 30 年了。在这 30 年里，我只专注于做培训和演讲这件事。当然，在这 30 年里，我也见证过很多我的学员在其他领域所作出的辉煌、诱人的成绩，也有人劝我进入到更加有"钱途"的行业，但我并没有因

此而改变。依然坚持做自己的"老本行",其他的行业和领域从不去做。而且我的定位就是"我要做云南的王牌培训师",一直都把自己的事业定位于云南。30年来,我在云南已经生了根,将自己的全部精力都投入到云南市场。只专注于云南市场,不做外省市场。这就是我专注于打造真正强大的个人IP的经历。

2. 制定详细计划

一个详细的行动计划,包括具体时间和步骤。比如,在哪个时间段需要做超级个人IP定位,哪个时间段需要开始做内容进行宣传和引流,哪个时间段可以开始进入流量变现阶段等,都有详细的计划和流程。遵循这样一个计划表行事,可以帮助我们更加有条理地推进工作,减少犹豫,避免浪费时间。

3. 巧做时间管理

真正专注去做超级个人IP的时候,一定要学会对自己的时间做好分配计划,能高度集中自己的注意力,将自己的时间科学地投入到这件事情上。

这里我特别推荐一种有助于提升专注力的时间管理方法:番茄工作法。

番茄工作法,其核心思想是:将工作时间划分为固定的时间段,通常25分钟为一个时间段,称为一个"番茄时间"。在这个时间段内专注去完成一个特定的任务。任务结束后,进行为时5分钟的休息,然后开始下一个番茄时间。每四个番茄时间之后,再进行一次较长时间的休息,通常休息时间为15~30分钟,在这个范围内,可以按照自己的需求来定休息时长。

这种时间管理方法将时间划分为固定时间段,每个时间段专注于一个任务。在时间段之后做片刻休息,有助于恢复注意力和精力。此外,能有效减少时间焦虑,让人在工作时间段内能够集中精力高效完成工作。而且工作和休息相结合,能更好地提升工作效率。

4. 避免多任务处理

专注和聚焦,就是要集中注意力只做一件事,只做一个任务,要避免同时处理多个任务。这样容易分散注意力,导致工作效率下降,工作效果差强人意。

> 我们眼下要做的是为超级个人 IP 做头像设置，就要将全部心思都花在头像设计上。而不是在同一个时间里，既做头像设计，还做昵称设置。这样很容易分心，最后什么都做了，什么都没有做到最好，导致"贪多嚼不烂"的后果。

专注和聚焦是一种需要长期坚持的习惯，要逐渐培养自己的专注与聚焦意识。尤其在当前这个竞争异常激烈的时代，聚焦全部精力、能量、资源，专注去思考如何将超级个人 IP 做专做精、做得有价值，才是自我内在精进的核心。

持续满足客户需求

做任何生意，都是"人"的生意。"客户就是上帝"，这句话永不过时。

为了保持超级个人IP的市场竞争力，我们必须不断努力，持续优化内容，以持续满足客户需求。

能够持续满足客户不断变化的需求的人，必定是商业领域中最耀眼的"星"，受人追捧。这样的人所打造的超级个人IP也必定受到众人的瞩目。不断精进自我满足客户需求的能力，也是提升超级个人IP影响力的需求。

如何精进自我满足客户需求的能力呢？这里我分享几个实用的方法。

1. 深入了解市场和客户

市场是一个变量。在不同的时代，随着技术的革新，市场会随之发生变化。客户需求也会随着市场变化，以及认知水平、消费观念等的变化发生变化。从了解市场和客户需求入手，才能保证所打造的超级个人IP是市场和客户所真正需要的。深入了解市场和客户，可以通过两种渠道来实现。

（1）做市场调研

做用户调研，鼓励用户畅所欲言，发表自己宝贵的意见，这是个人IP不断完善和改进的重要驱动力。此外，还要借助数据收集、分析等手段，了解客户的需求变化、行业趋势和竞争对手动态。这些都为我们打造超级个人IP做精准定位提供了十分重要的依据。

> 比如：我在选好云南市场之后，就专门在当地做过市场调查，通过走访和调研，了解本地文化、研究本地企业的想法，在掌握了客户需求（包括便利需求、交友需求、学习需求等）之后，为他们提供人性化服务，以满足客户的个性化需求。

（2）建立客户档案

建立客户档案，除了要记录客户名称、联系方式、所在行业、主营业务等最基本的原始资料之外，更重要的是记录客户的偏好和反馈。从这些信息中可以更好地了解客户的各种需求，以便为客户提供更加个性化的服务。

2. 借助数字化技术提升客户体验

在本着坚持内容定位的原则上，客户喜欢什么内容，我们就做什么内容。如何实现呢？答案就是借助数字科技。

我们生活在一个数字化科技时代，科技如影随形地融入了我们的生活，科技的进步为我们的生活带来了前所未有的变化，彻底改变了我们的生活方式。与此同时，商业运作也因为科技的进步而变得更加简单化、高效化。

我们完全可以利用大数据、人工智能等数字化技术，更好地了解客户需求，为其输出更加精准的内容，有效提升客户体验满意度。

3. 加强与客户的沟通互动

沟通与互动能拉近与客户之间的距离，就像与生活中的家人、朋友聊天一样，能增进彼此之间的感情。从场面话到心里话，是一个情感递增的过程，可以通过多渠道建立与客户的沟通平台，如社交媒体、在线客服、线下见面等，方便客户随时提出问题和反馈意见。

4. 持续创新和改进

对于客户的反馈和意见，一定要充分重视起来，这些都是指引我们不断成长的"明灯"。根据客户的反馈和意见，及时调整内容创新策略、优化现有内容品质，以满足客户的需求。这也是不断提升超级个人IP核心竞争力、持续赢得客户信任和认可的有效方法。

总之，持续满足客户需求，也是我们打造超级个人IP过程中需要做内在精进的重要一环。要时刻保持市场敏感度，对市场需求和变化有明晰的认知。此外，还要学会利用可用资源，如技术资源等为我们服务，满足客户的个性化需求。客户的满意和认可，才是我们内在不断精进的最大动力，也是客户愿意主动为我们的超级个人IP宣传的根本原因。

第六章

操作要点：
构建超级个人 IP 的核心方法

越来越多的人意识到，打造超级个人 IP 很有必要。毕竟在自媒体为主流的时代，哪怕是一点点的个人 IP 魅力，也能发挥相当大的价值。这比投入广告费要划算得多。但是在实际构建自己的超级个人 IP 的过程中，还是有一定的条件要求的。掌握关键操作要点，助你轻松走上个人品牌之路。

放下面子，眼光要长远

超级个人IP最大的优势就在于：这是一个为数不多的赚钱机会，没有比这更低成本的创业项目了；任何人都可以去做，人人都可以打造自己的超级个人IP；操作简单，只要有热爱、有擅长、有专业，一个人、一部手机，做好策划，就可以直接上手。

我在前文中也强调过，超级个人IP的养成，一个最大的缺点就在于：就像跑马拉松一样，是一个漫长的过程。在这个过程中，可能我们会跑得太累，看起来很狼狈；也可能因为跑的速度和姿势不当而使得身心受挫；也可能因为能力不佳，最终没有成为最耀眼的那颗星而感到遗憾。这些我们要在开跑之前，就要做好心理准备和心理建设。

成功并不是靠运气和背景，放下面子，放远眼光，普通人也可以打造自己的品牌，迎来自己的辉煌事业。

1. 放下面子

面子在中国文化中有着十分深远的影响。面子对于一个人来说，不仅仅关系到自尊，还涉及社会名誉、社会地位。对中国人来说，丢面子会给人一种耻辱感。因此，很多人害怕丢面子，做事情也放不下面子。

打造超级个人IP，一下子能火爆的概率非常非常小。大多数情况下，一个超级个人IP的成功打造需要时间和努力。所以，不要因为前期数据不好，就感到尴尬和丢面子。

受众真正关心的是我们的内容质量如何，是否能为他们带来实实在在的价值，而不是单纯地看我们的数据如何。我们看数据的目的，其实是要通过数据，了解自己内容的优势和短板，然后将自己的优势继续传承下去，将存在短板的地方加以弥补和改进，促进个人快速成长。

如果你是一个放不下面子的人，觉得打造超级个人IP的过程中那些狼狈、挫折、遗憾的局面会让人有失脸面，只能接受成功，却无法坦然面对失败，那么你趁早不要开始。

打造超级个人IP，也是一种创业项目。作为一个创业者，我们必须学会放下面子。面子是打造超级个人IP途中的绊脚石，带着面子上路，只能让自己内心因为面子而过得心力交瘁。真正的成功者，不会害怕失败，也不会担心被他人嘲笑和议论，更懂得面子只是阻碍成功的绊脚石。

当一个人能够放下面子去做事情的时候，说明他的内心真正成熟了。当一个人可以用钱赚面子的时候，说明他已经成功了。当他用面子赚钱的时候，说明他已经是行业里的人物了。

真正放下面子，全身心投入个人IP的养成，你就已经迈出了成功的第一步。摆脱面子束缚，尽最大努力、最大限度地发挥出你的专业素养和应有的能力，一个成功的超级个人IP的诞生也就离你不远了。

2. 放远眼光

成大事者，最忌讳的就是鼠目寸光。如果你想要立马见到效果，立刻获得利益回报，立刻看到资金入账；如果你开始干的时候兴致勃勃、劲头十足，干着干着就只剩下三分热度，没有了韧劲，那么你基本上不适合做超级个人IP，也注定吃不上超级个人IP这碗饭。

做超级个人IP的过程，其实也是我们飞速成长的过程。我们所输出的每条价值内容，都是自己能力、心血的结晶，适合眼光更加长远的人。只注重眼前利益，不关心长尾利益；没有看清眼前局势的慧眼，也没有通过眼前局势判断未来趋势的能力，那么做超级个人IP的过程会让人感到很疲累，最终还收获甚少。

要有大局意识，还要有走一步看三步的远见，更要有一种独特的商业思维和长远的规划，为自己打造的超级个人IP能够获得长远发展做好准备。

放下面子，放远眼光，是成功塑造超级个人IP的关键之一。放下面子投身事业，才是一个人最大的体面；眼光有多远，生意就能做多大。

懂得"舍得"，投入才有回报

超级个人IP能够让我们与周围更多人产生信任连接，能为我们带来溢价、产生增值。打造超级个人IP是一门最有价值的投资。

我知道，现实生活中，有很多人，包括企业家、普通个体等，都希望通过打造超级个人IP改变企业和个人的命运，提高自己的社会价值，收获自己的精彩人生。

虽然说通过超级个人IP做生意赚钱，是一个低成本的创业项目。但商业领域有这样一句话："舍得花钱才能赚钱。"这句话虽然看似道理十分简单，实则蕴含着深刻的商业智慧。

超级个人IP做的其实就是流量生意。在当前这个"流量为王"的时代，盈利的密码就是"舍得"二字。懂得"舍得"，投入才有回报。

1. 舍得投入时间和精力

养成超级个人IP，既然决定做了，就要全力以赴，投入时间和精力。

首先，在初期，要花大量时间深入了解行业、做市场调研等，诸多事宜十分琐碎，但对于超级个人IP的长远发展至关重要。我们需要舍得投入时间，有足够的耐心做好前期准备。

其次，创新性、高质量的内容是超级个人IP的核心竞争力。持续输出高质量内容，需要投入时间和精力制定内容策略、做内容优化等，以满足受众的价值内容需求。

再次，想要提升自己的知名度，吸引更多的受众，还需要制定营销策略，将优质内容推广出去，这些都需要花时间和精力去做。

之后，还要经常去观察和分析受众反馈、评价等数据，要关心每个数据指标的增长情况，以便及时调整内容策略等。

所有这些工作都要做到事无巨细。三天打鱼两天晒网，或者没时间和精力去打理，最后只能是一无所获。

2. 舍得投入资金

俗话说："舍不得孩子套不着狼"。聪明的创业者都知道，舍得投入资金，不仅是对物质资源的投资，更是对未来机会的把握。这也是那些成功人士的财富秘密。

资金的投入，需要放在以下几个方面：

（1）舍得投资自己

投资自己是这个世界上最稳赚不赔的生意。把资金花在自己身上，可以让大脑变得充盈，才思敏捷，富有远见卓识。总之，会让自己的价值得到质的升华。

人要活到老，学到老。花钱投资自己的学识，不断学习新事物，不断增加学识见识，不断打开眼界格局，就会获益良多。或许在短期内我们看不到立竿见影的效果，但只要持之以恒，就能集腋成裘。而且投资自己所学到的知识，永远都是自己的，别人夺不走，只会让我们自身不断增值，让超级个人 IP 增值。

（2）舍得投资人脉

你的人脉越广，对于超级个人 IP 影响力的提升越高效。除了投资自己之外，还要舍得拿出资金投资自己的人脉资源。我们身边最珍贵的就是自己的原始人脉。每一个人都是一个社交中心，都有自己的社交圈子，圈子或大或小，涉及不同领域、不同层次的人。我们要善于利用自己的原始人脉，扩大自己的人脉资源。平时可以出资攒一个饭局、组建一场有意义的户外活动，大家在一起吃饭、聊天、互动，通过原始人脉的引荐，可以认识到更多的人，就有可能为我们带来意想不到的流量。

（3）舍得投资流量

超级个人 IP 影响力越大，获得的流量就越多；收获的流量越多，影响力就越大。流量与影响力之间相互作用，形成一个良性循环。想要让我们的超级个人 IP 能够快速让更多人发现和了解，可以付费购买流量。

> 在抖音、快手平台上发布短视频内容后，可以通过让作品上热门的方式提升播放量、涨粉数等，达到增加流量和粉丝数量的目的。

舍得舍得，懂得舍才能得，打造超级个人IP就是要懂得"舍得"二字的真正含义。明确自己真正想要的是什么，做出合理计划，就可以放手去做。你前期所有的投入和付出，必将在后期收获应有的回报。

保持真实，建立信任关系

网络本身就给人一种虚拟感，不真实感。养成超级个人 IP，又离不开互联网的助力，人们对于超级个人 IP 的真实性存疑。再加上各种原因，有很多名人预设美好的形象，因为被发现名不符实，甚至背道而驰，使得人们颠覆了个人人设的健康积极印象。越是这样，人们就越崇尚"真实"。

这就需要我们打破藩篱，使得打造的超级个人 IP 要具有实实在在的真实感，让受众感知到个人 IP 背后的这个人是真实存在的，从而在受众当中建立起信任关系，吸引更多的资源和商机。

那么我们要如何才能做到真实呢？

1. 还原真实自我

关于个人 IP 人设坍塌的问题，我认为之所以会坍塌，就是因为我们开始的时候设计的个人 IP 人设太过完美，导致失真。

每个人都有自己的优点和缺点，我不建议将自己的个人 IP 包装得过于完美，打造超级个人 IP 要追求真实度。虽然我们都想向受众展现自己优秀的一面，但这个前提是要保证真实性。

如何保证真实性？答案就是还原真实自我。我们平时是什么样的穿衣打扮风格、平时是什么样的性格、平时如何与人交流、平时的做事风格如何、平时的生活态度如何，只要真实展现正向、积极、健康的一面，让自己在公众面前更具辨识度就好。不要为了营造好感，而太过伪装，也不要无中生有，不应含有虚假成分。一言之，就是"不要说谎，但可以有选择性地说真话"。

这就好比去找工作面试一样，我们要做的是多展现自身优势，而不是去伪造一个自己根本不具备的技能。

如果为了追求流量而失去原则，可能会吸引来一些流量，但质量不会很高。甚至一旦有一天因为不小心而将自己的虚假成分暴露，必然会引起大众的反感，在人们心中失信。这对于个人 IP 的长远发展以及未来商业变现是非常不利的。

2. 避免过度营销

提升超级个人 IP 的影响力和知名度，做营销推广是必不可少的一环，也是个人提升竞争力的重要手段。但要避免过度营销，夸大其词，自吹自擂只会让受众感到厌烦和不适，甚至可能会导致信任危机。要找准自身优势，做真实展示，并适度运用各种渠道进行宣传即可。

3. 保持一致性

既然已经根据自己的特点做好了人设、形象等定位，就要保证宣传的人设、形象特点与现实生活中的自己相一致，包括外在的服装造型、言行举止、专业擅长等，以及内在的个人价值观等要保持一致性。

4. 情感透明化

一个人的心情、情绪、情感是可以隐藏的。内心情感深藏不外露的人，往往给人一种城府很深的感觉，让人捉摸不透。以一种开放的态度，将自己的情感大胆分享出来，让大众了解我们的内心世界，了解我们的真实想法，是与大众建立信任的有效方法。这对于我们成功塑造，以及提升超级个人 IP 影响力大有裨益。

尤其是近几年，我发现一个非常明显的现象，就是人们对互联网上的"真实"格外推崇。我们在拥抱虚拟互联网的同时，更要凸显超级个人 IP 的真实性。这样，当人们拿我们的超级个人 IP 与别人对比的时候，就会发现我们的超级个人 IP 能更好地给人以强烈的代入感，更好地引发人们的情感共鸣。这样的超级个人 IP 才是人们更加热捧和追逐的代表。

持之以恒，在垂直领域深耕

近些年来，在自媒体井喷式发展的大背景下，大而全的泛娱乐化内容层出不穷。这样导致的结果就是，打造的内容越来越难获得受众的关注。这使得很多人开始做内容东一榔头，西一棒头，最后哪边都不讨好，收获流量更是难上加难。

内容创业，尤其是想要借助超级个人IP创业，持续做垂直细分领域的内容十分重要。就是在开始做超级个人IP的时候，就要从垂直细分领域上入手，不要把自己的内容弄得跟大杂烩似的，让人看了你的内容不知道你到底是干什么的，更看不懂你的超级个人IP面向的是什么领域。

> 这里举一个简单的例子。律师A在塑造超级个人IP的时候，创作的内容涉及十几个法律领域，每个领域都创作了相关内容。如果用户看到创作的内容品质很高，但每一条内容所涉及的领域各不相同，整体杂乱无章，不知道这个账号主打的内容是什么，就会觉得找到自己想要的内容很费时间，渐渐地也就失去了浏览兴趣。
>
> 律师B只专注于一个自己擅长的商业律师领域，并只在这一个领域发布相关内容。用户看到你的内容信息是凝聚的，作品内容是统一的，就会觉得你专业，因此会关注你，持续观看或阅读你的内容。

什么是内容的垂直细分呢？其实就是指内容要有固定的类型、领域等，而且要在这个类型、领域里进行深度挖掘。

在自己擅长的领域尽可能在垂直度上进行深挖，对创作的专业内容进行细分。因为对于粉丝来说，向喜欢的个人IP交付自己的关注，前提就是这个个人IP能为自己带来想要的价值内容。这样粉丝才会对超级个人IP形成持续性关注，对超级个人IP输出的垂直内容更加期待。

集中输出垂直细分内容，潜移默化影响受众心智，才能给人感觉你很专业，树立自己的超级个人IP在本领域中的权威，能更好赢得受众信任，聚拢精准粉丝。"深度一厘米，宽度一公里"，即内容在垂直领域深耕一厘米，用户规模就拓宽一公里。这样打造的超级个人IP，才会具有较高的商业潜力。

如何才能做好垂直细分领域内容呢？

第一步：确定自己的核心领域

每个人擅长的领域可能不止一个，一定要找到自己最拿手的领域作为自己的核心领域。这里所说的核心领域，就是你更容易创作出有深度、有价值内容、具有更强竞争力的领域。

第二步：将核心领域进行细分

在确定核心领域之后，接下来就要对核心领域进行细分，越细越好。

> 比如，你所擅长的领域是兽医，但做兽医的人有很多，所涉及的领域也很多，可以选择一个自己的核心领域，打造自己在兽医的某个垂直细分领域的超级个人IP形象。
>
> "龙腾虎跃"发布的视频内容多为普及养牛技术。显然，他将兽医领域进行细分，选择了"普及养牛技术"这一细分赛道作为自己的核心领域去打造自己的超级个人IP。

第三步：提升内容的专业度

找到自己的垂直细分赛道之后，还需要不断提升内容的专业度。时代在不断向前发展，专业知识水平也在不断提升，如果我的内容还停留在以往水平，不是最新内容，必然会落后于他人，难以达到理想的吸粉引流效果。

第四步：持续优化与更新

垂直细分领域的内容发布出去并不意味着万事大吉。还需要密切关注用户反馈，观察内容阅读量、点赞量等数据，并做深入分析，从中了解用户真正的需求以及喜欢的内容风格。之后再以此为依据，对垂直细分内容进行优化和改进，以吸引用户的持续关注。

通过做内容的方法来打造超级个人IP，一定要持之以恒去做垂直与深耕。我们的内容越垂直，就越容易出成绩，也更容易打造个人品牌。

对比同行，模仿中做微创新

刚开始做超级个人IP的时候，相信很多人都感觉无从下手。人人都想做创新，但并不是每个人都有创新的能力，能达到快速出成绩的效果。与其绞尽脑汁思考从何开始，不如直接走捷径，对比同行，从模仿中做微创新。

同行中有很多人成功打造了超级个人IP，在引流和变现方面都表现出超凡的能力。他们打造超级个人IP的方法是已经经过实际论证，是非常成功的。只要将那些成功人士的方法和经验加以效仿与学习，并做适当的微创新，就能变为适合自己的好方法。

我认为在模仿的基础上做一些关键细节的微创新，最容易取得成功。

1. 对比寻找模仿对象

从事同一领域工作的人有很多，在同一领域打造超级个人IP的人也有很多。面对如此多的同行竞争者，我们要多寻找几个成功的典型案例做对比。发现不同超级个人IP的优势，这些都可以成为我们模仿的对象。

2. 了解模仿对象

在找到适合的模仿对象之后，就要对这些人进行深入研究。从他们的外在形象、风格，以及内在价值观等入手进行分析，而且对他们的内容特点、风格、互动方式等方面也要进行了解，全方位总结他们的成功要素。

3. 明确自己的定位和优势

在模仿的过程中，要不断思考自己的独特性和优势所在。同时，还要确定自己在目标领域的专业方向、兴趣点和个人特色。

4. 内容微创新

明确自己的定位和优势之后，就可以在内容上做微创新。

（1）内容结构微创新

借鉴成功超级个人IP的内容结构，如图文版式、视频结构等，然后再结合自己的定位和优势，对内容结构进行微创新，使之更具有自己的风格和特色。

（2）内容视角微创新

在他人超级个人 IP 的内容基础上，加入自己的思考、经验和见解，可以形成独特的内容视角。

5. 互动方式微创新

通常，互动以评论回复、点赞转发为主要方式。我们可以在此基础上尝试创新互动。比如，可以开展线上问答、粉丝投票、主题讨论活动等，以此增加粉丝的参与感和黏性。

6. 打造自己的风格和品牌

在模仿的过程中，汲取别人的智慧与精华，然后再结合自己的理解与创意，打造属于自己的独特超级个人 IP 风格，形成自己的个人 IP 品牌。

成功难以复制，但可以模仿。很多人对创新顶礼膜拜，对模仿感到十分不耻。其实在真实的商业环境下，在模仿的基础上进行创新并不简单，既要模仿，还要超越。创新是模仿的升华，模仿本身不是目的，模仿是通向创新的手段，是站在巨人的肩膀上起跳。敢于站在巨人肩膀上起跳的人，去打造超级个人 IP 就已经成功了一半。

做好规划，稳定输出高质量内容

打造超级个人IP，要与众多的竞争者区分开来，除了外在个人形象的塑造之外，还需要通过稳定输出高质量内容，提升自身价值和人气。

内容是超级个人IP的核心组成部分。不论内容的呈现形式是文字、图片，还是视频，都需要保证高质量和独特性。

相信很多新手，在看到那些内容创作高手打造的优质内容后，会自叹不如，甚至有一种望尘莫及的无力感。其实，不必艳羡，也不必感到惭愧。那些创作高手，之所以能持续稳定打造出优质的内容，除了脚踏实地地学习和磨炼，更重要的在于其事先做内容规划。这是保证内容赢得粉丝流量最大化的秘诀。一味跟风、盲目进行，很难实现精准用户沉淀。

如何做好内容策划，实现高质量内容的稳定输出呢？

第一步：寻找创作灵感

很多人创作才思如泉涌，关键在于他们能找到极好的创作灵感。

（1）生活素材

其灵感就是源于生活中的长时间积累和瞬间爆发。有时候，灵感可能来自一件事情，也可能来自一种思想、一种社会状态。一言之，创作灵感源于生活。

在生活中，寻找内容创作灵感的方法有很多。关键是我们要：

①善于观察。要有一双善于观察，善于发现的慧眼，将生活中的人、事、物与我们所在领域和所擅长的专业相关联。用自己的专业知识对生活中的问题答疑解惑，就是极好的创作方向。缺少了生活气息，与生活严重脱轨的内容，犹如海市蜃楼一般，看着精彩却没有落地感。

②善于感悟。要从多角度尝试思考问题，产生各种不同的灵感和观点。这些都是创作高质量内容的绝佳素材。

（2）同行借鉴

优秀的同行都是我们学习的对象。他们的内容之所以受欢迎，必有过人之处。可以寻找几个有代表性的同行，循着他们的足迹进行观摩和内容创作。他们已经为我们探过路，试过水，借鉴他们创作的内容，可以少走很多弯路。

（3）时事热点

时事热点必然是当下人们极为关注的点。如，微博热搜、搜狗热搜、百度风云榜、抖音热榜等都是很好的素材获取渠道。从小处入手，寻找与我们的内容定位相关的点，获得创作灵感也就变得简单了很多。再辅以自己的观点，便是很好的内容题材。

第二步：内容生产模板化

有了灵感也就有了内容创作方向。好的内容要想具备持续输出的能力，就要内容生产模板化。

从内容生产者角度来说，借助模板生产内容，可以降低内容生产难度，使内容标准化、持久化；从内容阅读者角度来说，对于阅读的内容框架已经有所熟悉，甚至已经形成习惯。根据模板输出内容，有利于阅读者驾轻就熟。

第三步：内容保持关联性

为什么电视剧能够吸引人每天定时定点观看呢？就是因为上一集和下一集之间彼此关联。想要持续输出内容，也可以借鉴电视剧模式，从内容的关联性入手，将完整内容分开多次输出。

第四步：内容调整与优化

真正的好内容是在不断调整与优化中得以炼成的，这也是高质量内容能够持续输出的关键。要及时收集受众反馈并调整和提升内容质量。可以通过问卷调查、开设评论区等方式，收集受众对于内容的看法和建议。之后，要对受众的反馈信息进行及时且深入的分析，了解受众需求，对内容创作方向和策略及时做出调整，以更好地迎合受众喜好和口味。

做任何事情不是随随便便就能够成功的，要徐徐图之，有计划、有步骤，循序渐进地去做，才能将事情做好，甚至做到极致。打造超级个人IP同样如此，一旦做好规划，就不要轻易改变，长久坚持输出高质量内容，才能给受众形成稳定清晰的形象，方能取得成功。

与人合作，突破自我能力边界

有一个知名的木桶原理，说的是，一个木桶能盛放多少水，并不取决于桶壁上最长的那一块，而是取决于桶壁上最短的那一块。金无赤金，人无完人。绝大多数人都有自己的"长板"和"短板"。

可能你资历不深，但勤奋好学；可能你不太会打交道，但业务能力强；可能你不太会创新，但你善于将别人的经验、智慧拿来为我所用。

打造超级个人IP的路上，想尽办法提高自己的短板，但这样做比较耗费时间和精力。找到一条快速且高效的渠道，可以让我们省去很多时间和精力去做更多自己能力边界之内的事情。我在这里建议大家要学会与人合作，突破自我能力边界。

什么是能力边界？能力边界也叫作"能力圈"，就是指一个人他做事能力可能达到的上限。直白地说，就是一个人最厉害能做到什么程度。能力边界包括知识、技能、潜力优势、经历、人脉。一个人，无论自己多努力，都无法把超级个人IP打造成自己的理想型，无法达到可观的引流、变现效果，有可能是因为这已经超出了你的能力边界。

如何与人合作，突破自我能力边界呢？

第一步：找到自我能力边界

从商业发展的角度来看，一个人想要自己的超级个人IP获得长久、优质的发展，就要搞清楚自己的能力边界。大多数人不知道自己的能力边界在哪里，几乎每个人都在花时间探讨这个事情。

比如，我有一个学员，他说自己开了一家公司，做了三年，觉得自己很努力了，但公司的发展不上不下。是什么原因造成这样的现状呢？就是他没有找到自己的能力边界。很有可能，自己并没有自己认

> 为的那么努力。另外一个原因就是他从事的这个领域很可能不是自己擅长的领域。很多时候，我们不确定究竟是自己没有尽全力去做，还是自己事业所涉及的这个领域根本就不在你的"能力边界"之中。

那么我们该如何识别自己的能力边界呢？

（1）自我评估

首先，要对自己的经验、技能、知识等进行反思，了解自己在超级个人IP所涉及的领域中的能力水平。其次，要对自己每次完成的任务结果做记录，以便了解自己的能力极限。最后，要根据自己的实际情况，做客观评估，通过自己与别人对比，找到自我能力的短板。

（2）尝试新鲜事物

新鲜事物往往对个人能力是一种挑战。尝试新鲜事物，可以很好地了解自己的能力范围。如果在某个节点失败，就证明自己的能力边界就在于此。

（3）寻求反馈

从别人对自己的反馈中，寻找自己的能力边界。

第二步：保持开放的心态

在找到自己的短板之后，接下来就要有"海纳百川"的心态。充分正视自己的不足和缺点。毕竟，自己的能力是有限的，不可能做到什么都懂、什么都会。将自己故步自封起来，只会让自己停滞不前。以全新的态度，不断接纳新东西，学习别人的长处。当有一天真正用到这些学来的东西时，你就会发现，当初你学到的东西，日后必定让你受益匪浅。

第三步：建立合作关系

找到一些志同道合的人，诚实表达自己的想法和感受，明确自己的合作意图。与合作伙伴建立良好的合作关系。在合作期间，还要遵守承诺，履行自己的责任，做好合作关系之间的信任维护，以便保持良好的合作关系，自我持续获得能力的提升。

第四步：共同学习、共同成长

大家在一起的目的就是为了共同学习，弥补各自短板，实现共同成长。

所以，在合作的过程中，首先要创建一个良好的学习氛围；其次，认真倾听他人的意见和建议，学习他人的经验、技能，拓展自己的认知和价值观，从而了解不同的思想和观点；最后，有来无往非礼也，要懂得"礼尚往来"，学会积极主动分享自己掌握的知识、经验和技能等，使得每个合作成员都能学到自己想要的东西。互帮互助，共同成长，才能实现互利共赢。

打造超级个人IP需要与人合作。与人合作，获得别人的协助，是突破自我能力边界的重要途径，更是快速扩大自己超级个人IP影响力的有效方法。

运营篇
超级个人 IP 背后的引流与变现秘籍

第七章

吸粉引流：
高效运营才能快速引流

判断一个超级个人 IP 成功与否的标志，就是用户数量、粉丝数量的多寡。用户数、粉丝数即影响力。想要提升超级个人 IP 的影响力，增加用户量和粉丝量是有效的方法之一。做流量运营，是提升超级个人 IP 影响力的关键。掌握一定的引流技巧，才能让引流效果倍增。

私域流量池引流：吸引自己的专属流量

在这个流量红利时代，谁手中掌握了流量，谁就能在市场中"占山为王"。外部平台流量虽多，但其属于平台所有，并不属于个人。而且流量增长的速度永远赶不上行业需求，流量变得越来越贵，获客变得越来越难。

想要把平台流量转化为超级个人IP的自有流量，想要对所拥有的流量掌握更多的控制权，就要打造只属于自己的专属流量。这些专属流量统称为"私域流量"。

私域流量是相对于诸如社交媒体平台等各大平台上的公域流量而言的。公域流量，如抖音平台上的流量属于抖音平台，想要在公域里获得流量，就需要付出时间成本、资金成本去购买。私域流量就是从公域中被超级个人IP主本身吸引而来的流量，即超级个人IP所有者自主拥有的流量，而且这样的流量可以反复利用，重复带来变现。

有了这些精准的私域流量，我们日后有关超级个人IP推广的内容，会被这些精准粉丝主动转发给更多的人，形成二次传播。更多的圈外人士对有关超级个人IP的信息有更多的了解，由此带来了低成本流量裂变，实现了快速引流。

既然私域流量有如此大优势，那么如何获得私域流量？

这里我先打个比方。

如果我们想吃鱼，就要花钱买设备，花时间到河里去钓鱼。这样不仅费钱，每次钓鱼的时候还都要费时费力。如果在自己院里挖一个鱼塘，将河里的鱼放到鱼塘里养，这样就可以随时抓随时吃，还能大鱼生小鱼，获得更多的鱼。既省时又省力，更重要的是持续获得更多的新鱼，鱼塘里的鱼可以由自己掌控。何乐而不为呢？

这里的"河水"相当于公域流量池，河里的鱼相当于公域流量；"鱼塘"相当于私域流量池，鱼塘里的鱼相当于私域流量。

看懂了这个比方，也就对如何获得私域流量有一个大概的了解。具体如何操作？我在这里做一个详细地讲解。

第一步：建"鱼塘"

要想养鱼，必先建鱼塘。什么可以作为承载流量的"鱼塘"呢？非微信群莫属。有三个原因：

第一，微信群可以添加500人，承载流量规模较大；

第二，微信本身是一个社交平台，有强大的社交属性，有助于与用户、粉丝沟通和分享，建立紧密联系；

第三，微信生态中，朋友圈、微信群、公众号、视频号等成员众多，为我们提供了多样化的营销手段。

所以，首先要打造新的微信群。一个微信群能容纳500个成员，为了承载更多的流量，就要多建几个微信群，并按先后顺序命名，如群1、群2、群3……便于后续大规模引流需要。

第二步：从公域流量池引流

公域流量池有很多，如新浪论坛、百度贴吧、天涯社区、微博、抖音、快手等，这里都是挖掘私域流量的好去处。有了好的渠道，还要有好的方法，才能达到很好的引流效果。

（1）利益"诱导"

"天下熙熙皆为利来，天下攘攘皆为利往"。利益对人们有很大的诱惑力，借助利益"诱导"可以达到一定的引流效果，如"入群送现金红包"等，引导用户主动入群。当然，这样的方法不乏有的人会因为利益而进群，然后再退群的情况出现。所以，引流的同时也增加了成本负担，在使用这种方法的时候，要综合考虑自己的预算。

（2）优质内容引流

当下，内容信息过剩，大家想要看的是那些真正称得上"优质"二字的内容。用优质内容赢得想要的流量，是最明智的选择。可以在公域流量平台输出与超级个人IP内容定位相匹配的优质内容，用户对我们的内容感兴趣，认为这些内容有价值，对他们有帮助，就会主动关注我们。而且收获的这些流量，都属于精准私域流量，在后续的变现过程中，效果也会极佳。优质价值内容引流，成本低、效果好。

第三步：私域流量维护

成功引流只是迈出了万里长征的第一步。为了保证流量活跃度，保证有效实现流量裂变，还需要做好私域流量维护。

（1）保持流量池活跃度

鱼塘一片死寂，也不利于鱼儿的健康。将流量引入微信群后，有很多人"只观望，不发言"。这样的"惰性"很可能会传给群里的其他人。要及时清理这种活跃度不高的成员，鼓励群成员积极主动发起话题讨论，带动整个群的氛围。

（2）进行流量细分

可以在微信群中发一些更加细分化的内容，根据不同受众感兴趣的细分内容，对其进行细分。

> 比如，我们要做有关母婴领域的超级个人IP，可以专门分发一些准妈妈必备孕期知识分享，也可以做一些新手妈妈育儿知识分享。根据受众对不同细分内容的讨论热度、观点成熟度等，判断哪些人是准妈妈，哪些人是新手妈妈。以便后续精准推广内容，成功塑造超级个人IP形象。

（3）价值内容维护

为了保证流量，流量维护工作必不可少。价值内容是很好的维护工具。群成员在看到这些价值内容之后，觉得的确对他们有很大帮助，也会自发将这些价值内容分享给其他"志同道合"的人，为我们带来新的精准流量，实现超级个人IP流量的快速裂变。

如今，越来越多的企业和个人都在重视私域流量池这个概念，它是获取精准流量的重要来源。搭建私域流量池，能有效实现超级个人IP流量的持续增长。

矩阵引流：快速实现流量收割

快速吸粉引流的另外一个方法，就是矩阵引流。

什么叫矩阵引流？其实很简单，就是通过多个相同内容领域的账号相互协同，为同一个超级个人IP引流。通过全方位展现超级个人IP的形象、价值等，以达到快速增加超级个人IP粉丝数量和扩大影响力的目的。

矩阵引流，可以为个人品牌带来巨大的商业价值。那么该如何做矩阵引流呢？

第一步：选择平台

做矩阵引流，可以借助多个社交媒体平台，可同时选择微信、抖音、快手、知乎、百家号、头条号等，创建多个账号，并利用不同平台上的账号，共同吸引目标受众，实现多渠道引流。多平台设立多个账号，每个账号形成一个庞大的网络结构，可以帮助我们覆盖更加广泛的目标受众。

第二步：建立矩阵

在选择好适合的平台之后，就可以建立账号，形成矩阵。通常根据站内站外划分，矩阵分类有如下两种：

（1）站外矩阵

同时在不同的平台上，如在微信、微博、抖音、知乎、百家号、头条号等平台上建立超级个人IP账号，形成的矩阵，称为站外矩阵。

（2）站内矩阵

在同一个平台上，如在抖音平台上同时建立多个账号，形成的矩阵，叫作站内矩阵。

第三步：矩阵引流

矩阵引流的方法也多种多样，我在这里介绍几种常见的矩阵引流方法。

（1）站外矩阵引流

站外矩阵引流，顾名思义，就是在不同的平台上通过不同的账号同时为超级个人IP引流。

站外矩阵引流有两种策略：

①横向矩阵引流，就是在不同平台上，用同一个名字的账号为超级个人IP引流。

> 比如，吴晓波就在抖音、快手、微信公众号等不同平台打造同一个名字的账号"吴晓波频道"，为自己的超级个人IP做横向矩阵引流。

②纵向矩阵引流，即在同一个平台下的不同子服务功能上做生态布局，使得每个子服务功能上的账号之间形成矩阵，达到为超级个人IP引流的目的。

> 比如，微信旗下有很多子服务功能，包括公众号、视频号等。我们可以在公众号、视频号上建立与超级个人IP有关的个人账号，不同服务功能上的账号之间构成矩阵，为超级个人IP引流。

（2）站内矩阵引流

站内矩阵引流，就是在同一个平台上做矩阵引流。

①放射式矩阵引流，通常通过一个主账号向多个子账号引流。就好比一个光源放射出很多光线一样，照亮更多的物体。实际上是在同一个平台上通过账号与账号之间建立相应的链式传播，在同一个超级个人IP品牌下，先做主账号，等到主账号有了大批流量后，再开始做子账号。通过一个主账号统领多个子账号，利用主账号的影响力为子账号背书，增加影响力。

> 比如，张雪峰打造的超级个人IP是教育领域的创作者、考研导师的形象。他在抖音平台上有一个名为"张雪峰老师"的主账

号，是最早打造的账号，从 2018 年开始做起。之后，在抖音平台上相继出现了"张雪峰讲升学规划""张雪峰老师讲志愿填报""张雪峰讲家庭教育""张雪峰小课堂"等多个子账号。这些子账号都是在主账号的背书下，快速起号并赢得大规模流量的。

②平行式矩阵引流，就是多个账号之间不分主次，不分大小，相互之间彼此共同为超级个人 IP 做引流服务。

比如，同时打造多个与超级个人 IP 相关联的个人账号、员工账号、公司账号等，每个账号都在为超级个人 IP 引流。

③向心式矩阵引流，即同时创建主账号与多个子账号，通过多个子账号为主账号导流，达到提升超级个人 IP 影响力的目的

一个账号单枪匹马作战引流，毕竟能力有限。矩阵引流是一种非常有效的流量收割策略，可以帮助我们建立多个账号，提高超级个人 IP 的曝光度，形成广泛的传播效应

地推引流：线下面对面交流获客

我们经常会看到，在一些人流量密集的地方，会有人像摆摊一样做推广活动，将潜在客户引流到特定的商业场所。这就是我们常说的"地推引流"模式。

地推引流是一种常见的线下引流方法。顾名思义，就是通过地面推广活动达到引流目的。

打造超级个人IP，同样可以使用地推引流。这种引流方式的优点在于以下几点。

第一，可以与用户在线下直接面对面交流，可以有效提高推广引流效果。

第二，相比于线上引流，在某个特定地域做推广，只要人们愿意主动关注，就必然比线上的流量更加精准。

第三，相比于前面的自建私域流量池、实现矩阵引流，地推引流更简单、直接，能够帮助我们快速获得第一批用户。

做地推引流，如同线下撒网，渔网撒出去，总会有你想要的鱼儿。这些鱼儿就是潜在客户。地推引流最大的作用就是能实现路人转粉，为超级个人IP带来品牌流量。

1. 地推引流流程与技巧

第一步，选择正确的地推时间

选择正确的时间，并不是取决于人流量的大小，而是取决于大家都比较悠闲和放松的时间点去开展地推活动，效果会更佳。上班早高峰人流量虽然巨大，但没有人会愿意停下脚步了解地推内容。通常，节假日、下班后的休闲时间是最好的地推时间。

第二步，选择恰当的地推场地

除了选对时间，还要选对场地。通常，商业街、繁华地段或者交通枢纽周围的地推场地能够吸引更多的人群。选场地还要根据项目来定，考虑目标客户的特点，以确保内容与受众相匹配。如果是做儿童类内容推广，就要选择学校做地推；如果是做金融类内容推广，就要去写字楼、高档公寓这些白领聚集的地方。选对场地，对于超级个人IP的引流获客至关重要。

第三步，选择适合的地推玩法

①摆摊展示引流

在适合的公共场所，摆放桌子设置摊位，放置个人品牌宣传的易拉宝，还要准备好印有详细信息的宣传手册。此外，还要准备小礼品，以便吸引受众的注意力，提升人们扫码加微信的概率。这个方法可以很好地被受众发现，而且能达到以点带面的推广引流效果。

②发传单引流

如果说摆摊展示引流是一种固定式引流方法，那么发传单则可以视为一种流动式引流方法。找到与超级个人IP所涉及领域相匹配的场地，然后向潜在目标发传单。

③体验活动引流

说一千道一万，不如踏实去干。体验活动引流，就是布置一个会场，在会场外做宣传，吸引受众到会场亲自听课体验。如果他们觉得听课的确让自己获益良多，自然会主动成为我们的粉丝，并且会拉来感兴趣的亲朋好友一起关注我们。

④合作推广引流

合作推广引流就是与线下其他品牌、机构等门店合作，共同做推广活动。通过合作扩大影响力和受众范围，使得合作对象与我们超级个人IP的知名度得到相应地提升。

> 比如，我们是面向母婴领域做超级个人IP的，正好在一个人流量密集的地方有一家母婴店。这家母婴店就是我们做地推引流的最佳合作搭档。我们借了它的客流量之势，它借了我们的专业内容之势，彼此互相合作，互相成就。

2. 地推引流注意事项

（1）做好目标定位

在做地推之前，就应当明确手中目标与超级个人IP的匹配度，以便有针对性地选择地推场所，实现高效引流。

（2）做好物料准备工作

宣传物料包括易拉宝、宣传单、宣传册、小礼品等。一定要在易拉宝、宣传单、宣传册中告诉受众我们是做什么的，能够给目标受众带来什么价值。这才是吸引受众关注的根本原因。小礼品只是吸引受众注意力的"诱饵"。

（3）具备强沟通能力

地推引流，做的就是线下面对面与受众交流沟通的工作，需要我们具备强社交能力。良好的沟通能力是第一要素。沟通不到位，难以消除受众的疑虑，更难以达到添加微信实现引流的目的。

在与受众沟通时，一定要时刻保持微笑。微笑可以让别人感觉到你的善意，可以化解别人的戒备心。另外，通过巧妙发问，可以精准判断哪些才是你的精准目标受众。

（4）小礼品选择技巧

小礼品的选择上，也要讲究技巧。要既能吸引受众，又能有实用性，更重要的是，要在预算之内。

> 比如，一些实用的小挂件、小化妆镜、网红气球、小灯笼、小夜灯等，或者夏天非常实用的小扇子、防晒帽等，都是非常不错的选择。

（5）评估地推效果

做地推引流，不一定都能获得良好的引流效果，需要在摸索中不断提升。每次做完地推活动，都要做效果评估和总结，以便查漏补缺，取长补短，做出优化和改进，不断提升地推的水平，为之后的地推活动提供更为有效的策略和方法。

细节决定成败，态度决定一切。做地推引流，要做好细节工作，同时还要注意自己的社交态度。再加上好的推广方法和技巧，成功为超级个人IP引流不再是难事。

互推引流：抱团合作，互利共赢

如今，市场竞争异常激烈，单打独斗往往难以更好地应对市场的不确定性和多变性。抱团合作成为一种全新的商业发展模式，以集体的智慧和力量，谋求更大的发展，是这个时代最明智的选择。

作为个人，要想拓展自己超级个人 IP 的市场和个人品牌影响力，互推引流是一种不错的策略。

什么是互推引流？就是合作成员之间达成协议，相互为对方做推广，从而实现互利共赢。

如何实现互推引流？

第一步，寻找合作伙伴

寻找合作伙伴是至关重要的第一步。好的合作伙伴可以为我们打开新的市场，带来新的商业机会。可以通过网络搜索、口碑推荐、社交媒体等多种方式寻找适合自己的合作伙伴。

（1）这些合作伙伴要与自身超级个人 IP 相关联，以便能够在推广引流的过程中相互促进，相互支持，双方都能受益。

> 比如，运动健身与健康饮食，相辅相成，都是为了塑造健康身体方面的内容，二者相关联。家庭教育与升学规划，都是为了促进孩子成长和未来发展方面的内容，二者有十分密切的关联性。

（2）要确保与合作对象之间不具备竞争性，不会夺走彼此的流量，影响彼此的利润。

（3）要确保对方的实力与自己相当，同时还要保证其有良好的正向口碑和信誉。否则会拉垮我们自己的超级个人 IP 形象。

第二步，确定合作方式

找到合作对象之后，就要确定合作方式。可以根据合作双方的实际情况来定。

（1）资源共享

每个超级个人IP都在前期运营的过程中掌握了一定的流量。合作互推的时候，可以将自己的流量资源拿出来共享，快速扩大自己的流量规模。

> 比如，在线上，可以在朋友圈互推，可以在短视频作品中提到对方，达到流量共享的目的；在线下，可以在自己授课的过程中，找到适当的时机巧妙地提到对方等，实现流量共享。

（2）个人品牌联合

每个基于超级个人IP的个人品牌都代表了个人的价值观、专业能力和个人形象。不同的个人品牌联合，也可以达到很好的流量共享效果。

> 比如，有一次我在看樊登直播的时候，恰逢著名的作家、矛盾文学家得主麦家做客樊登直播间。此时整个直播已经不再是一场简单的直播，而是两个超级个人IP的碰撞，更是一种基于个人品牌联合的互助引流。
>
> 当然，很多时候我们会看到，有的博主会与合作伙伴双方共创一条短视频，有的人会通过直播连麦的方式进行流量互推。这也是典型的个人品牌联合引流模式。

第三步，制定推广计划

确定了引流方式，还需要制定详细的推广计划。在推广计划中，要综合考虑双方优势、互补性、目标用户特点等因素，保证互推引流效果的最大化。

第四步，实施互推计划

做好前期准备工作之后，就可以正式进入互推引流实施阶段。要循着互推计划去行事，这样能有效避免失误。此外，双方还要相互配合，才能保证互推计划的顺利完成。在推广引流的过程中，还需要时刻关注互推效果，及时调整互推策略。

抱团合作是生意做强做大的基石。互推引流是一种高效的引流之法。这种引流方法投入小，回报大，行而有效，为超级个人IP引流，这个方法值得一试。

圈子引流：圈子效应搭建引流桥梁

一个成功的超级个人IP，需要通过广泛宣传和传播，让更多的人知道我们的存在以及我们所具有的价值。深厚且丰富的人脉网络和资源，则是扩大超级个人IP影响力的关键。

增加人脉的最好方法，就是扩展社交圈子，结交更多有价值的人。通过圈子效应搭建引流桥梁，实现流量倍增。圈子就是指某一类具有相同兴趣爱好、价值观、个人品位等的社会群体相互聚在一起形成的一个群体。

圈子引流，就是借助圈中高势能、高影响力的人，向外拓展人脉，达到快速引流的目的。

圈子引流，有两种方法：

1. 借自己的圈子引流

每个人生活在社会当中，都有属于自己的圈子。为了给自己打造的超级个人IP推流引流，我们也需要打造属于自己的圈子，借助圈子的力量，赢得更多的流量。

第一步，搭建自己的人脉圈。

借圈子引流，首要任务就是打造属于自己的人脉圈。这里，我介绍几种打造自有人脉圈的方法。

①积极参加社交活动

一些行业会议与活动、研讨会等，都是我们结识新人和行业同人的绝佳机会。

②社交媒体交友

可以找一些与超级个人IP所在领域的相关专业社交平台，并建立自己的个人资料。经常在这些社交平台上参与行业讨论，分享个人见解，展示个人专业能力，增加自己曝光的机会，增加在线社交的机会。

③加入专业组织

经常参与一些与超级个人IP相关的专业组织或协会，与同行建立联系。

通过以上这些场合，建立自己的人脉圈，要注意做好以下几点：

首先，要明确自己想要的人脉目标，有助于筛选并获得自己想要的人脉。

其次，要主动出击，与在场人员打招呼，做自我介绍，还要主动分享自己的想法和见地，让在场人员因为我们的人格魅力和专业素养而主动靠拢。

之后，还要持续参与各种社交活动，不断扩大自己的人脉圈子，结识更多志同道合的人。

最后，拓展人脉是一个长期的过程，需要我们的耐心和毅力坚持去做，逐步建立自己的人脉圈子。

第二步，提供有价值的内容。

互动是拉近人与人关系的桥梁。在与圈子成员互动的过程中，要提供有价值的内容、分享自己的经验和资源，以此吸引圈子成员对我们的关注和关心，得到圈子成员更多的认同和认可。

第三步，定期维护自己的人脉圈。

人与人之间相处的机会越多，关系才会越亲近。在拓展人脉圈之后，还需要定期为自己的人脉圈做维护，加深彼此之间的联系和感情。

我们要花时间梳理目前的人际关系网，了解不同人的背景、职业领域以及可能有的资源优势。主动与现有的圈子成员积极沟通和交流，关心他们的近况和需求，为其提供力所能及的帮助，以此巩固现有关系，为未来拓展人脉打下基础。在重要的节日或纪念日，送上祝福和礼物，表达对对方的关心和重视等。还可以定期组织一些小型聚会或活动，邀请朋友参与。这也是建立深层次圈子的好机会。

第四步，借自己的人脉圈引流。

"养兵千日，用兵一时"。借助自己的人脉圈为超级个人IP引流同样是这个道理。

借人脉圈引流，分为两种情况：

①圈子成员主动帮忙引流

能得到圈子成员的认可，圈子成员也会主动替我们分享和宣传，为我们赢得更多的流量。

②邀请圈子成员帮忙引荐

另外，我们还可以主动邀请圈子成员，做我们的引荐人，帮助我们接触更多的人，收获更多的流量。

第五步，感恩与回馈

对于帮助我们的人，要保持感恩与回馈，保持良好的人脉关系，使得人脉资源拓展良性循环进行下去。

2. 借别人的圈子引流

有些"大咖"级人物会专门组建一些有门槛的付费圈子。除了要求付费之外，还有其他要求，比如要有好的资源，能为圈子提供价值等。这些高端圈子对于我们的超级个人IP引流来说，也是非常有价值的。

如果我们有很好的优势，可以尝试与圈子创建者协商换群。就是我们加入对方圈子，对方加入我们的圈子，相互不冲突，有利于彼此更好地发展。

如果我们的优势稍微欠缺，那么就按照对方的入圈规则，走付费和提供价值入圈路线。

入圈后，要做的就是：

第一步，在圈子里做自我介绍，在圈子中混个脸熟。

第二步，善于倾听，在倾听的过程中，挖掘圈子成员的兴趣点和共鸣点。

第三步，融入圈子话题，展现自己的强社交能力。善用时机，巧妙展示自己的知识与技能、智慧与成果。但需要注意的是，想要快速融入圈子，最靠谱的做法，就是你前期经过自己的努力，能够为高端圈子的人群提供他们觉得有价值的东西。也就是说，你在他们眼中是一个有用的人。这样，我们才能在高端圈子中成功立足。

第四步，进入别人的高端圈子，需要主动拓展人脉，结识高端人士，与行业内精英建立关系。同时，还需要注重建立自己的信誉，树立良好口碑。

前期所做的一切，都是为后期圈子成员拉流量做准备。机会总是留给有准备的人。当圈内成员对我们有需求，或者他们的朋友有这方面需求的时候，就会在第一时间想到我们，帮我们做推荐。这样流量也就自然而然地向我们靠拢。

付费进入高端圈子，不仅能拉来流量，还能与那些高端人士相互学习、交流思想，让自我价值不断提升。

圈子决定命运，懂得借圈子引流非常重要。利用自己的圈子以及别人的圈子拓展超级个人 IP 流量，是一种高效且富有策略性的引流方式，能帮助我们加速引流取得更大的成功。

激励引流：利益驱动下以老带新

有过引流经历的人都知道，开发一个新客户的成本，是维护一个老客户的好几倍，而新客户创造的价值远不如老客户的大。除了老客户自身的利润贡献，还包括以老带新所创造的价值贡献。这些足见老客户具有极高的商业价值。

在当前获客难、获客成本高的时代背景下，以老带新式裂变营销，已经成为超级个人IP流量实现快速增长的重要策略之一。而且，凭借多年来的经营经验，我发现，以老带新的引流方法非常实用且有效。

这里说的"以老带新"，就是通过老用户邀请新用户使用产品或服务，同时老用户和新用户能获得一定的利益或激励回报。这种流量裂变模式既能扩大超级个人IP的品牌影响力，又能增加新用户，同时还能提升老用户的活跃度和忠诚度。

要实现以老带新，必须具备三个条件：

第一，我们的内容如何？品质是否过硬？是否能给用户真正带来价值？

第二，做好对老客户的维护。

第三，能否促成老带新，重点在于激励机制。

以老带新的操作流程，主要有以下几个步骤。

第一步，确定裂变方案。

制定出适合自身的流量裂变方案，包括裂变目标、奖励机制。

常见的以老带新玩法有：

（1）邀请有礼

邀请有礼就是老用户邀请自己的好友等成为我们的新用户。然后老用户和新用户都可以获得相应的激励。

对于老用户的激励，可以是物质上的，也可以是非物质上的。物质上的激励，比如实实在在的金钱激励等。非物质上的激励，比如赠送高级会员，享受相应的折扣和其他特殊待遇。

对于新用户，也要给予相应的激励，可以与老用户的激励有所不同，但不能只激励其中一方，而忽略了另一方。

> 比如，拿教育培训机构来说，老用户带新用户，可以将新学员的报名收益拿出一部分，直接以现金的形式奖励老用户，也可以赠送老用户相应的会员福利，享受相应的折扣或优惠。
>
> 新用户则可以享受一定的优惠，或者延长相应的课时。

（2）助力裂变

助力裂变就是老用户邀请好友帮忙助力，如朋友圈点赞、朋友圈转发、助力砍价等，当助力人数达到一定数量后，凭助力截图，老用户和新用户可以同时享受相同的优惠政策。

（3）拼团裂变

拼团裂变，其规则与拼多多拼团购相类似。由一位老用户开团，将拼团信息分享给好友，或分享到朋友圈发起邀请，吸引好友拼团。凡是参与拼团的新老用户，都可以享受优惠价格。

（4）惊喜裂变

惊喜裂变，顾名思义，就是给老用户意想不到的惊喜，老用户会因为惊喜而万分感激，此时可以邀请老用户分享这份惊喜，帮助我们拉来新用户。

需要注意的是，这份惊喜虽然价格不高，但一定要出其不意。比如，可以在老用户生日当天，或者某个特定的节假日等，为其送上祝福和小礼品等。这样不但让老用户有意外之喜，还能让老用户觉得我们对他足够的重视。老用户自然也愿意帮我们拉来新用户。

以上几种常用的方法，都能最大限度地刺激老用户主动介绍新用户。

第二步，裂变方案实施

在确定好裂变方案之后，就可以进入正式实施阶段。可以多个方案同时实施，保证老用户能够根据自己的需求选择自己喜欢的方法拉新。

第三步，奖励发放

对老用户的激励承诺，一定要及时兑现。一旦老用户为我们成功拉来新用户，就一定要按方案中的详细奖励规则去操作，确保奖励能在第一时间发放给每一位老用户和新用户。说到就要做到，让用户尝到甜头，方能激励老用户日后积极主动拉新，也为我们细水长流持续获得裂变流量做好铺垫。

第四步，后续运营

完成一次"老带新"活动之后，还需要对执行的裂变方案做复盘，密切关注和分析数据动态，了解裂变效果，根据实际情况做出相应的优化，确保后续裂变效果更佳。

此外，还需要注意，在实际运营的过程中，做好用户留存的同时，要注意深挖用户价值，让新老用户之间形成良性互动，达到裂变效果的最大化。

总之，这种激励引流方法是一种有效的推广引流模式。能激活老用户，带来新用户。相比费用高昂的广告推广，用现有老用户吸引新用户，成本低，效果好。另外，"老带新"基于人与人之间的信任，比冷冰冰的广告推送更能打动人心，这也是"老带新"能够成功为超级个人IP带来裂变流量的关键因素。

第八章

流量维护：
做好关系管理让 IP 流量
永续不衰

　　自古，打江山不易，坐江山更难。打江山讲战术，坐江山讲谋术。打造超级个人 IP 与此道理相通。如果经营不好，用户是会流失的。前期费尽力气好不容易赢得的流量，如果后期没有做好维护，一切努力皆为泡影。做好客户关系管理，才能让超级个人 IP 流量永续不衰。

服务维护：为用户进行资源合理匹配

打造超级个人 IP 是一件需要长久去做的事情。与用户只做一锤子买卖，前期所有的努力都无异于白费。

超级个人 IP 能够在市场中存活多久，关键在于持续的流量支持，以及良好的口碑助力。为用户进行资源合理匹配，让用户感觉到良好的服务和产品附加价值，是获得持续流量与良好口碑的基础，更是提升超级个人 IP 商业化实力的重要保障。

如何对用户进行资源合理匹配？以下是我的几点操作建议：

第一步，明确需求和目标

给用户什么，首先要明白用户想要的是什么。否则，费尽心思给了，并不是用户需要的，不能给用户带来好感，吃力不讨好。

明确用户需求是关键的第一步。这包括了解用户希望通过资源匹配实现什么，以及他们的具体需求是什么。

如何获知用户需求？最重要的就是与用户近距离沟通。沟通是能够走进用户、了解用户的桥梁。在与用户沟通的过程中，要了解他们的真实需求、期望结果，确保对用户需求有深入的理解。

第二步，用户分类与排序

每一个用户的价值、需求和消费能力、对资源需求的紧急程度等，是有所不同的，对于不同的用户，要标记不同的属性，也就是我们常说的给用户打标签。有了标签，就能便于做用户分类和排序，便于区别维护用户，进行资源的合理匹配。

> 比如，可以按照价值高低划分用户；按照需求的紧急与否划分用户，然后再按价值从高到低，需求从强到弱按顺序排列。

具体来讲，就是要做市场调研，根据用户的年龄、性别、职业、兴趣爱好、需求、消费能力等相关数据信息，为用户进行画像，也就是为用户打标签。通过用户画像，更加细致入微地了解用户，可以更加精准地为用户匹配资源。

第三步，资源精准匹配

有了用户画像，也就相当于有了为用户匹配精准资源的依据和指路明灯。根据用户价值高低、需求紧急程度，再结合地域特点等，进行资源配置。要确保资源配置的合理性、科学性，确保资源利用效率的最大化。

> 比如，每年高考毕业季，学子高考结束后，最关心、最焦急的就是如何填报志愿才能不留遗憾。如果我们打造的超级个人IP面向的是做升学指导类内容的，那么这个时间段，我们最应当为用户匹配的资源内容就是填报志愿的方法和技巧。
>
> 当然，由于地区不同，高考卷类别有所不同，还要结合不同地域特点，为不同的用户匹配更加精准的课程内容。

第四步，持续监控和评估

对用户进行资源合理匹配，还需要对后续效果做监控评估。通过用户反馈和数据分析，了解资源匹配中存在的不足和问题，然后不断做优化，使得资源匹配更加精准，更好地留住用户。

市场竞争，说到底还是满足用户需求的竞争，是用户体验的竞争。打造超级个人IP，需要具备用户思维，即用户至上思维。如今是互联网时代，用户转移成本很低。如果维护不好用户关系，随时可以离开，转向别人的怀抱。用精准资源创造无限的价值，达到维护客户关系的最好效果。用户满意度越高，忠诚度才越高。

战略维护：与用户成为朋友

有人说："商人重利轻别离"，也有很多人认为，商人与客户是利益对立关系，永远做不了朋友。

的确，在人际关系当中，生意人更加注重的是利益，这一点不可否认。但是，那些真正精明的生意人，会为了想要的利益投入感情，与客户做朋友。他们不会把时间和精力消耗在无效社交上，与客户做朋友，也是因为这么做有很强的社交功利性。要想牢牢拴住用户，就需要自己的人际关系圈子必须不断向上，这也包括与用户做朋友。

用户是有感情的，也是看重感情的。生意人愿意与他们成为朋友，这是超过他们的心理预期的。因为他们从来都不会想到，生意人能放下姿态，如此平易近人，成为他们的朋友。他们自然会十分看重这层关系，也会十分注重维护这层关系。有了这层关系，用户的忠诚度也就能得到明显地提升。

打造超级个人IP，需要充分看清楚这一层利益关系。做流量维护，与用户之间建立强关系，最大的秘诀就是学会与用户做朋友。

1. 真诚对待

真诚待人的人，就像一股清泉，沁人心脾。真诚待人，付出真心，才能收获真挚的友谊。

与用户建立真正的人际关系，意味着与用户主动联系，关注他们的需求，倾听他们的心声。与用户分享自己的生活和工作。这种与用户交往的方式，可以让用户感觉到我们的真诚和坦率。不要以一种高高在上的姿态与用户交流，也不要有一种捧着用户怯懦的心态。这两种心态都会让用户产生一种距离感。真诚一定是与用户建立友谊关系的撒手锏。

2. 寻找共同语言

不在同一个圈子生活和工作的人，其生活习惯、工作习惯、处事习惯、思维习惯都存在差异性。要想与用户成为朋友，就必须尽快熟悉与用户相关的各种习惯和其个人特点，找到与用户之间沟通的共同语言。共同语言是双方能够继续沟通的前提。基于共同语言，寻找双方共同感兴趣的话题。

> 比如，私底下可以与用户发微信联系，谈论相同的地域话题、过往相似的经历等，双方才能有深入交谈下去的可能，有建立起朋友关系的可能。

共同话题能让用户觉得我们彼此是有共同之处的人，能缩短双方的心理距离，促进相互信任。这也是与用户成为朋友关系最基础的条件。

3. 帮助用户解决痛点问题

与用户成为朋友，建立信任十分重要。承诺十件事，不如做好一件事。通过与用户聊天，从中挖掘更多深层的信息，了解用户的困难和问题，然后尽力理解并真正为用户提供帮助。主动、免费提供帮助，能让两人之间的信任迅速建立，两人的关系迅速升温。用户自然愿意和你做朋友，由此提升用户的忠诚度也是自然而然的事情。帮助别人也是在帮助自己。

4. 多做营销之外的事情

如果说帮助用户做与超级个人 IP 营销有关的事情，让用户不能完全放下内心戒备。那么帮助用户做营销之外的事情，则让用户看到了我们的真心，用户会因此而发自肺腑地向我们表达感激，甚至愿意死心塌地地和我们在一起，成为最好的朋友。

> 比如，在聊天的过程中，得知对方的妻子正在怀孕，因为是新手妈妈，不知道有哪些孕育禁忌。此时我们正好有朋友开准妈妈训练营这方面的专业机构，可以弄到相关资料主动送给对方，包括孕期如何运动、如何饮食等一系列的知识。来自我们的帮助，必然会让对方欣喜万分。

想要做好超级个人IP的流量维护，就要学会多做营销之外的事情，为用户提供营销之外的价值。从健康、教育、财富入手，可以与用户产生更多的链接，让用户感受到我们的价值，感受到我们独一无二的存在。用户一定会因此而感谢我们，此时，用户已经不再是我们的客户，更多的是朋友一样的关系。

运用如此战略操作，步步为营，能使用户与我们之间的感情逐渐升温，建立朋友关系也就变得简单了很多。有了这层朋友关系，超级个人IP的用户流失问题也就得到了有效解决。

心理维护：注重用户"三感"的满足

随着社会的进步，经济的繁荣，用户需求也变得更追求品质化、多样化。心理需求的满足，也是用户需求的一种。

著名心理学家马斯洛的需求层次理论，将用户的需求从低级到高级分为五个层次：分别为：生理需求、安全需求、社会需求、尊重需求、自我实现需求。

■生理需求

用户之所以购买产品，第一层需求就是生理需求，即身体对食物、温暖的需求。生理需求，就是我们所讲的刚需。

■安全需求

安全感是第二基本心理需求。在当前这个信息化时代，各种信息层出不穷，已经在很大程度上混淆了用户的视听，用户难以判断哪些商家是值得信赖的，所以消费者内心中失去了安全感。

当前，随着网络社交工具的广泛应用，为消费者打开了一个实时答疑解惑的通道，再加熟人的人格背书，用户的疑虑得以缓解，甚至彻底打消，安全需求在一定程度上得到了满足。

■社会需求

爱情、归属感等是人们生活中必需的社会需求。

■尊重需求

尊重需求，即人们希望自己的尊严、成就、独立获得别人的尊重。

■自我实现需求

自我价值得以实现，即人们追求实现自己的能力或者潜能，并使之完善化。

如今，用户的生理需求、安全需求已经得到了满足，在此基础上人们追求更多的是满足社交需求和尊重需求，直到自我价值得以实现。

用户最渴望什么，我们就想办法满足什么。从满足用户以下"三感"入手，实现对"人"的经营，可以达到为超级个人IP做好流量维护的目的。

1. 归属感

人是群居动物，每个人都离不开社会群体而独立存在。心理学研究表明，每个人都害怕孤独，希望自己能归属于某个或多个群体、团体等。因为，在这里可以获得归属感、温暖、帮助，感受到爱。

要想提升用户归属感，归根结底还是要从"社群"出发。

（1）构建用户社群

让用户有归属感，首先要让用户有一个"家"。这个"家"就是社群。

创建一个微信群，把用户引流到微信群，让用户能够再次交流、分享和互动。鼓励用户分享他们的经验、故事和反馈，促进社群内成员的互动和联系。

（2）打造社群文化

社群是由具有相同共性的不同成员聚集而成的。用户进群后，运营人员要营造良好的社群氛围，建立群体共识。

①形成独有的社群符号

每一个社群都有不同的身份和使命。打造独有的社群符号，目的在于与其他社群形成差异化，提升社群的辨识度，从而建立对社群身份的认同。

②建立社群特有的语言

社群语言是对内的，主要是为了帮助社群成员更好地理解群内发生的事情。选择易于理解，且富有意义的词汇作为社群语言，确保被社群广泛理解和接受。当然，如果大家都来自同一个地域，可以使用方言作为社群语言。

③确定共同的价值观

一个社群需要有共同价值观，这是社群建立并长存的核心，能吸引兴趣相同的人们聚集在一起。每个社群都应有自己独有的文化。在社群文化的加持下，社群内部成员会有更强的聚合力。

（3）定期组织社群活动

社群成员既要保持在群内积极交流和互动，还要"落地"到线下，定期举办社群活动，如见面会等，增进成员之间的联系，进一步巩固社群凝聚力。

有了共同的"家",有了共同的语言,能经常见面,社群成员仿佛找到了自己"失散"多年的亲人、家人。这三者结合起来,会让用户的归属感越来越强。

2. 被尊重感

每个人都想得到别人的尊重,都需要获得别人的认同。尊重用户,让用户获得尊重感上的满足,对于用户的维护能够取得更好的效果。

（1）礼貌称呼

使用用户的姓名称呼对方,能给用户带来亲近感。或者在用户的姓之后加一个"先生""女士",这样的尊称,给人让用户感受到自己被尊重。

（2）积极倾听与回应

在与用户沟通的时候,保持专注地倾听,不要在用户说话中途冒失打断,这是对用户最大的尊重。同时,对于用户提出的问题和反馈,给予积极回应,并提供有效的解决方案。这样友善的态度,能让用户感到自己被重视和关注。

（3）做好回访

主动回访也是一种让用户感到被重视和尊重的方式。积极主动与用户取得联系,了解用户对内容的反馈意见。如果用户表示有不满情况,根据用户反馈及时做出改进。

3. 参与感

打造超级个人 IP 的过程中,可以让用户参与进来,包括内容构思、内容创作、内容输出、互动方式设计、营销宣传等环节。用户能获得意想不到的参与机会,满满的参与感、荣誉感,必定觉得自己在做一件很酷的事情,觉得十分自豪。这样的操作,不仅能满足用户参与感,还能增强用户黏性。更重要的是,能通过用户的参与,在小范围内发酵,形成传播裂变,放大参与者的成就感,更进一步增强用户参与的积极性。

满足用户归属感、被尊重感和参与感,是我们能"套牢"用户,让用户不想离开的有效策略,在为超级个人 IP 做流量维护的过程中,所起到的推动作用不可估量。

利益维护：给用户更多的宠爱

宠爱用户，是建立长期、稳固用户关系的关键。从利益入手，给用户更多的宠爱，是为超级个人 IP 做流量维护的有效举措。

1. 定期发放福利

利益的魅力是巨大的，利益驱动下，很多事情做起来就会容易很多。可以为用户定期发放福利，如会员权益、折扣优惠等。这些福利只有用户才有，可以让用户感受到自己被宠爱的感觉，不但能提升用户的复购率和口碑传播，还能提升用户的好感度，让用户愿意长久跟随。

2. 为用户提供附加价值

对于用户而言，在原有服务基础上提供高附加价值，是一种非常有效提升用户黏性的方法。高附加价值，对于用户而言，不仅能让用户获得物质上的好处，还能延伸到心理层面，能给他们带来一种独有的专属感。

为用户提供高附加价值，首先要保证我们产品和服务的品质。只有好品质才能吸引更多用户。高附加价值只是保证用户的一种手段，但绝不是决定性因素。

3. 设身处地为用户着想

欲成天下之大事，须夺天下之人心。人最难的就是能够设身处地，站在别人的立场上为别人着想。以用户视角去思考问题，替用户考虑，为用户省钱，用户是能用心感受得到的。人心都是肉长的，你能全心全意为对方考虑，他自然会看在眼里，记在心里，以求找机会给予最大的回报。这就足以表明对方已经对我们十分信任，甚至已经产生了喜欢之情。这样用户自然不愿离我们远去。

人性有一种特质就是"追逐利益"。在利益和危害面前，人的选择总是趋利避害。用户也如此。想要牢牢"拴住"用户，就要让客户看到来自我们对他们的宠爱，让用户看到自身获利、得到实惠、避开风险等，这样才能激发他们长久成为超级个人 IP 忠实用户的热情。

情感维护：人文关怀最显深情

在当前这个信息时代，用户对于超级个人 IP 品牌的喜爱往往会随着其他个人品牌的侵入而变得不再稳固。如果能从情感入手，用人文关怀来维护用户，不仅能增加用户的忠诚度，还能为超级个人 IP 带来更多的机会和收益。

什么是"人文关怀"？用最直白的方式来讲，就是产品之外的人性化关怀，不仅关注用户的物质需求，更重视用户的精神、文化需求。要做到想用户所想，急用户所急。

1. 个性化内容关怀

在当前数字化信息爆炸时代，为用户提供个性化内容推送，是人文关怀留住用户的有效策略。通过聊天或市场调研、用户调查、数据分析等手段，了解用户的个人背景、兴趣爱好等信息。这些信息是构建用户画像的基础，也是实现个性化内容推送的关键。有效增强用户体验的同时，提高用户留存率。

> 比如，一位女性用户是企业白领，平时喜欢追逐潮流和时尚，我们可以结合自己的专业领域，为该用户推送相关时尚内容。在推送之前，还要根据用户的兴趣偏好，以及喜欢的服饰风格、品牌类型等，为用户推荐个性化的时尚内容。这样做，才能够让用户感到推送的内容更加贴近自己的喜好和需求，有效增加用户黏性。

2. 个性化祝福问候关怀

平时要多了解用户，了解用户的生日、重要纪念日等信息。在特殊的日子里，通过邮件、短信、微信等，为用户送上定制的祝福，如生日祝福、节日祝福、纪念日祝福等。这样的祝福更加贴心，更具个性化，能让用户感受到自己被重视和被关心。

3. 情感支持关怀

情感是拉近人与人之间距离的纽带。在用户与个人品牌相关的整个生命历程中，始终如一地为用户提供情感关怀和支持，让用户每个阶段都能感受到贴心的陪伴，从而增强用户对超级个人 IP 品牌的认同感和忠诚度，同时能为我们赢得更多的商业机会。

> 比如，在得知用户生意失利、工作不顺等受到挫折打击的时候，要在第一时间表达内心的感同身受，并采用真诚的情感支持话术鼓励用户建立信心，营造关爱用户的良好氛围。这种关怀可以帮助我们与用户之间建立更加亲密的连接，对于维护用户关系、增加用户忠诚度至关重要。

用户也是有血有肉、有感情的人。再冷漠的人，也有自己的情感"缺口"。善于抓住"缺口"，给用户更多的人文关怀，能让用户感受到温暖和关怀，建立更加深厚、持久的用户关系，就能让超级个人 IP 的流量维护达到出奇制胜的效果。

营销篇
超级个人 IP 商业化打法

第九章

营销攻略：
超级个人 IP 快速引爆市场的方法

打造超级个人 IP，犹如千军万马在商场上厮杀。想要杀出一条很清晰，且具有强影响力、品牌力、与竞争对手区隔的光明之路，就需要全面拉开营销作战序幕，用威力巨大无比的营销攻略快速引爆市场，打造出超乎我们想象的营销效果。

情感营销：巧借情绪力量，唤起用户情绪共鸣

"情感"两个字在商业环境中的分量越来越重。

那么如何在同质化严重的情况下去突围？很多时候可能是因为我们的超级个人IP的情绪营销价值不够，导致没有在用户当中形成记忆点，没有得到很好的传播。

在商界有这样一句话："你的商品好到什么程度并不重要，重要的是消费者用什么态度看待你。"这句话十分耐人寻味。开展营销活动，必须用"心"去营销。而真正能打动人心的，其实就是"情"。

在当前这个人人都玩社交软件的时代，人们用社交媒体进行情感沟通的频率越来越高。基于社交媒体信息流通的便捷性与高效性，人们越来越喜欢在社交媒体上分享自己的生活、情感，而且这些内容能够引来更多人的评论和转发，"情感"两个字已经贯穿于人与人的社交当中。

"超级个人IP"一词，本身就是连接用户情感与个人品牌的关键。基于情感的营销，作为一种有效的营销手段，可以帮助超级个人IP吸引粉丝，并提升影响力。

什么是情感营销？

情感营销，就是从情感出发，唤起用户的情感需求，以达到情感上的共鸣。情感营销，抓住了用户内心中最柔软的地方，寓情感于营销之中，可以让有情的营销赢得无情的竞争。

你的超级个人IP除了基本功能价值之外，最重要的就是情绪价值。如果没有情绪价值，超级个人IP做得再好，没有好的情绪渲染，也难以做到远超同行的"天花板"水平。

在情绪价值上下功夫，能拉近用户之间的关系，通过情感交流，建立起良好的用户关系。另外，借助情感引发共鸣，能赢得用户的好感和信任，提

升超级个人 IP 的影响力，使得超级个人 IP 的生命得到更好的延续。

具体来讲，如何做好情感营销，引爆超级个人 IP 的市场竞争力呢？

1. 将情感注入超级个人 IP 当中

在市场竞争中，同行业塑造的超级个人 IP 层出不穷，主导用户购买和分享行为的，主要还是情感。可以毫不夸张地说，用户 80% 的购买和分享源自"感性情绪"而不是"理性逻辑"。

世界上最具价值的就是情感，即便超级个人 IP 的功能价值可以被模仿，但情感价值是无形的，难以模仿的。将情感注入超级个人 IP 当中，一旦用户产生情感共鸣，用户的心就像是磁铁一般被牢牢吸住。

> 比如，生活在大都市的年轻人，工作、生活的双重压力，让他们感到疲惫。他们急切想要找到一个能够放松自我身心，能让自己慢下来的生活方式。李子柒打造的超级个人 IP 代表的是"田园式放松"，恰好与当下年轻人的情感需求相匹配。因此李子柒打造的超级个人 IP 能引发人们的情感共鸣，在年轻人当中迅速传播开来。当你的内容与某种情绪结合起来，即使不去刻意宣传，也会有很多用户积极关注，并愿意为它买单。

情感的价值是无法估量的，想要提升自己的营销能力，将情感注入超级个人 IP 当中，不失为良策。

2. 将情感注入超级个人 IP 宣传当中

将情感注入超级个人 IP 宣传当中也十分重要。超级个人 IP 的打造者可以通过社交媒体平台的互动和广告推广来增强与受众的情感互动。比如可以通过回复评论、与用户发起话题讨论等方式，与用户建立起更加密切的情感联系。打感情牌，使得更多的人在情感互动和推广的时候相互传递情感，也为超级个人 IP 做了很好的宣传。

俗话说："要想钓到鱼，就要像鱼一样思考。"想要让别人帮助自己的超级个人 IP 传播和宣传，能够在广大用户和粉丝当中形成良好口碑，就必须站在用户和粉丝的角度思考问题。在超级个人 IP 打造的过程中，以及在超级个人 IP 宣传当中注入情感，正中用户和粉丝需求。这样做能够形成别人无法复制的超级个人 IP 品牌优势，让个人品牌在市场竞争中所向披靡。

视觉营销：视觉展示激发用户成交兴趣

人类天生就容易被美的事物所吸引。有相关研究结果表明，相比于声音、味觉和嗅觉，人类对于视觉所呈现的内容更加敏感。

将这一特点迁移到商业营销领域，就好比我们更容易被精美的包装所吸引一样。这种通过精心设计，在视觉呈现上给人以耳目一新的感觉，以此达到营销宣传、提升超级个人IP影响力的方法，我们称之为"视觉营销"。

通过美学装饰对个人IP进行美化，营造良好的视觉感受，会极大地提升超级个人IP引流和变现的能力。

一方面，最早的图片、图文，以及当下火爆的短视频、直播都是很好的传递超级个人IP的视觉呈现形式。精心拍摄的高质量图片、短视频等，具有极强的美感和艺术感，吸引了爱美人士的注意力，也对个人IP产生了强烈的好感度。

另一方面，社交媒体充斥着我们生活的世界，成了连接人与人的全新纽带。企业和个人都看到了新的营销机会点，借助社交软件的强传播能力，展示个人IP形象，与粉丝进行互动。那些极具艺术感的精美图片、短视频等，通过分享，能让更多的人更好地了解超级个人IP所蕴含的核心内容，对我们塑造的超级个人IP可以起到很好的宣传作用。

与其自己慷慨激昂、侃侃而谈向受众介绍自己，不如奉上一张精美的个人"名片"吸引受众眼球，让受众看图说话，印象更加深刻。

塑造超级个人IP，如何打造自己的视觉体系，做好视觉营销呢？以下是我总结的四个营销技巧：

1. 营造个人IP视觉符号

消费者往往会通过一个符号来识别一个品牌，将其与其他品牌区分开来。

> 比如，可口可乐通常用红色，百事可乐通常用蓝色给自己打造视觉符号，红色和蓝色，在视觉上很有冲击力，远远地就能牢牢抓住受众的眼球。

对于超级个人IP来讲，我们的头像、昵称、logo、品牌色等，就是个人品牌的识别符号。

> 比如，我们设计的产品海报，无论个人头像、昵称，还是个人品牌logo，在排版设计的时候，都以清爽的淡蓝色系来搭配，给人一种轻盈、活力的氛围，能很好地吸引受众的注意。

再好的IP，不能引起受众的关注，也容易在市场中"消亡"。如今，每天所产生的个人IP数量飞速增长，如何能在众多个人品牌中快速脱颖而出，关键就是快速吸引受众注意力。这是实现引流和变现的第一步。营造个人IP视觉符号，就是要让受众看到并且停留，达到吸引受众注意力的目的。

2. 视觉符号唤醒受众记忆点

唤醒记忆的最好方法，就是把之前见到的事物在受众眼前重复，重复，再重复。可以在内容中、广告中、海报中不断重复使用个人IP视觉符号，使得个人IP视觉符号反复进入受众眼帘，形成个人IP品牌传播最简单的记忆点。当远远看到这个视觉符号的时候，就能知道对面的海报是谁的。

随着视觉符号不断在画面中植入，受众对个人IP品牌也会越来越认可。这时，个人IP视觉符号的价值也就越来越明显。

3. 视觉呈现给予受众想象力

如何让目标受众转变为精准用户？就是要在视觉上给目标受众感官上向往的某种生活、状态等。换句话说，就是通过视觉呈现，给到目标受众某种情绪联想，在联想的促使下，让他们产生购买冲动。

比如，在宣传海报中，配一张人物头疼的图片，然后再配上相应的文案：

"还在为用户记不住你、不信任你而感到头疼吗？

XX（姓名）

个人 IP 商业顾问

12 年从业经验

操盘 70+ 案例

……

打造你的终生资产，让你一次就被用户记住与信任！"

开头的一张配有头疼的图片，再加上"还在为用户记不住你、不信任你而感到头疼吗？"这句文案的解释和说明，通过视觉呈现的方式，整体上营造一种想象力，即通过这位专业人士的帮助，一定能解决自己现在"不被用户记住、不被用户信任"的困境。

通过视觉上的引导，就能促使目标受众主动去了解我们，并联想到自己的事业未来能够变得更好的画面，由此也加速了目标受众的购买决策。

打造超级个人 IP 的过程，就是让用户认识—认知—认同的过程。视觉营销让受众通过视觉打开了了解我们的大门，从而推动了这个过程的加速实现。视觉营销中，视觉是手段，营销是目的。视觉营销就是通过受众看懂的元素形成的感受来营造引流变现机会。在营销活动中，转化率很大程度上依赖于视觉。

口碑营销：金杯银杯不如口碑

俗话说："金杯银杯，不如客户的口碑。"只有真正经历过的人才知道，再华丽的广告，也比不上客户一句实实在在的赞美更具影响力。

在商业领域，超级个人IP引流的最高境界，并不是能够强行向受众推销自己，接纳自己。而是想方设法使得已有用户、粉丝愿意自主自发地为我们的个人品牌做宣传。

任何时候不要小看口碑的力量。口碑引流，能够为我们带来诸多便利。

第一，降低引流、变现成本。

当前，流量成本居高不下，谁能够低成本获客，谁就掌握了流量密码。口碑引流，源自现有用户、粉丝的口口相传。每个用户、粉丝都是我们低成本实现流量裂变的助推器。

第二，有较强的传播力。

用户的口口相传，一传十，十传百，犹如星火燎原向外扩散，快速且热烈。短时间内就能让更多的新客户知道超级个人IP的存在，这甚至比媒体广告的宣传效果还要好很多，极大地提升了超级个人IP的知名度和影响力。

第三，可信度较高。

客户能够口口相传的人，必定是自己的身边人，如亲人、朋友、同事等。客户证明就是最好的广告，比我们向受众强行推广更有说服力，也更容易让人相信。

那么，如何使得现有用户心甘情愿地为我们的超级个人IP做宣传呢？我认为最重要的一点，就是聚焦目标受众需求，通过有效的方式感动他们。

1. 给用户超预期的好处

古希腊著名的科学家阿基米德，发现杠杆的平衡原理后，说出了惊人的一句话："假如给我一个支点，我能撬动整个地球。"看似不可思议，却给了我们很大的启发。做营销推广引流，人性是一个不可忽视的借力点。

给用户超预期的好处，就是利用超预期效应为用户提供超预期服务等，让客户产生惊喜感，从而对我们更加忠诚，主动帮我们去传播，达到为超级个人 IP 引流的目的。

> 比如：传统的教学模式是，讲师在台上讲，学员在台下听，课程结束讲师与学员就没有任何关系，很多讲师都有这样的经历。至于学员真正掌握了多少、能应用多少，常常会打个问号。
>
> 我并不认同这种授课模式。凡是来听我课程的学员，即便已经授课结束，任何时候，只要他有任何问题，都可以通过微信、电话的方式和我提前预约。然后在约定时间，我再对其进行一对一辅导。这样的服务是学员在其他讲师那里很少有的，无疑已经超过了他们的心理预期。也正是如此，使得学员们内心感动不已，认为我是一个非常负责任的人，也非常愿意主动帮我做线上线下分享。
>
> 有的时候，为了便于实地指导，我还会把课堂移到学员的公司，亲自上门服务。这样的举动使得学员十分感动和感恩。由此，我也就在学员当中获得了良好口碑。在口碑引流的作用下，让我收获了很多来自学员转介绍的流量。

2. 注重用户体验

在互联网时代讲究"体验至上"。用户体验的好坏直接影响着用户心中的口碑。所谓"用户体验"，就是用户在使用产品或服务过程中获得的感受。让用户获得良好的使用体验，用户才会给予我们良好的口碑。

好的用户体验，要从三方面入手：

（1）用户感官体验

人是可以从外界获得感官上的感受的，包括视觉、听觉、嗅觉、味觉、触觉。适当的感官刺激，能加深用户对我们的认知，产生良好印象。

比如，我在给学员授课的时候，会在现场竖起一个大屏幕，便于在讲课的时候进行内容的可视化展示，提高学员的学习积极性，从而增强培训效果。此外，为了能让每位学员精神饱满地学习，还专门设计了适合课堂使用的背景音乐。好的背景音乐，从听觉上激起学员内心产生一种高昂奋进、积极进取的情绪。这样的授课氛围，利于学员高效学习，给学员带来了良好的视听体验，得到了学员的一致好评。他们也非常乐于为我推荐新的学员过来。

> 美妆博主@彩棠唐毅，是美妆品牌彩棠创始人，他就是通过感官体验设计，为自己做口碑营销的典范。
>
> @彩棠唐毅从视觉体验出发，视频背景使用冷色调仪器、试管碰撞音效，打造"实验室美学"人设。此外，通过分享和展示自己的美妆心得、产品使用技巧，强化专业化妆师形象。不仅为自己的个人IP赢得了良好的口碑，也让粉丝们能够更深入地了解彩棠品牌的文化和理念。
>
> 很多粉丝和用户在观看@彩棠唐毅的视频后，纷纷动手现学现用，自发产出"氛围感妆容"，形成UGC（用户生成内容）传播裂变，为@彩棠唐毅和彩棠品牌做了一波免费的口碑裂变营销。

（2）用户情感体验

用户是有血有肉有情感的人。纯粹的交易关系，很难引发用户情感共鸣。如果能给予用户交易之外的人文关怀，与用户建立更多的情感连接，那么用户就会对我们的好感倍增。有了好感，好口碑也就自然而然地形成了。

> 非遗手艺人@慕容意的手工小记，通过展示绒花这一中国非遗传统手工，用"匠人精神"点燃人们的怀旧情怀，由此为自己塑造了一个"绒花匠人"形象。
>
> @慕容意的手工小记的每一个视频作品，都会使用手工艺特写镜头向受众展示绒花的制作过程，再加上一首复古感满满的背景音乐，重现古风之美。此外，还在视频文案中写道"这样的绒花作品

长在了你的审美点上了吗？"并发起"#晒出你的绒花作品"话题，与用户之间快速建立起了情感联系，引发用户在评论区纷纷晒出自己亲手制作的绒花作品，并积极转发视频内容，形成口碑效应。

（3）用户交互体验

交互体验也是用户体验过程中不可忽视的一部分。所谓交互体验，就是用户在使用产品或服务过程中，获得的主观感受，包括是否好学易用、是否准确高效等。

酒香也怕巷子深。真正称得上"优质"二字的超级个人 IP，既讲质量，也要流量。"酒香"（质量）+ 流量，才是超级个人 IP 发展的最好出路。

免费营销：免费就是为了最终的收费

互联网时代，商场的竞争要远超我们的想象。为了达到快速引流和变现的目的，会想方设法使用各种营销策略。免费成了一柄营销利器，被很多企业所使用。打造超级个人IP，同样可以借助这一营销策略，可以为我们创造相当可观的利润和价值，助推超级个人IP实现赢利的目的。

人人都喜欢免费的东西，这是人们爱贪小便宜的天性。免费营销可以很好地满足受众的这一心理需求。免费，就是不向受众收费，白送给对方。如何能让白送，起到对超级个人IP营销推广的目的呢？

1. 免费体验

免费体验，能很好地吸引潜在客户来体验产品或服务。在当前个人IP不断涌入市场的情况下，想让目标受众成为自己的用户，最简单的办法就是让他们自己去体验。当用户体验后，对我们的内容和服务"上瘾"之后，就会快速"路转粉"，心甘情愿花钱购买，成为我们的用户。

> 比如，用户可以免费试听一节课，让他们在免费听课的时候，能感受到我们的内容非常有价值，对他们非常有帮助。在试听后，用户就会爱上我们的课程，愿意成为个人IP品牌的粉丝和忠实用户。

2. 部分用户免费

另一种免费营销，就是部分用户免费。通过这部分免费用户对内容和服务的良好口碑，推动另一部分人进行消费。这种营销模式，属于客户之间的一种交叉性补贴。

> 比如，可以每天抽取若干名幸运儿，给他们免费阅读内容和享受相关待遇的权利。能够成为幸运儿是每个人期望的事情，一

> 旦自己成为最幸运的那一个，内心往往充满愉悦、满足，以及胜利感，更促成了用户主动分享"晒幸运"的行为。这又在一定程度上，帮助我们做了免费的二次宣传。

3. 固定时间免费

固定时间免费，顾名思义，就是在指定的某个时间段内，向用户免费开放内容和服务，以此吸引客户。因为时间有限，容易营造一种紧迫感，"错过这村没这店"。如果在免费时间段没赶上，则会给用户留下缺憾。这又在一定程度上提升了用户免费试用的积极性。

4. 额外项目免费

额外项目免费，就是购买产品和服务，能够享受产品和服务之外的免费项目。这种营销模式，让用户觉得，自己不但拥有了产品和服务，还能享有足够多的免费项目。该模式更像是一种买赠模式。而且，免费赠送的部分，价值甚至要大于主产品或服务。在用户看来，自己的钱花得很值。这也是能吸引用户积极购买的原因。

> 比如：一位知名导师的超级个人IP塑造的是"升学规划专业导师"形象，凡是在线上从他那里购买升学规划课程的用户，都可以免费获得一份"高中语数外三选一"的《提分笔记》。虽然免费，但其中涵盖的知识十分专业化、系统化，包含了精准的知识点、考点总结，以及解题技巧和方法，对学生的学习成绩提升很有帮助。优质的升学规划再加上实用的《提分笔记》，对学生来讲，提升升学率效果更好。

免费营销模式有很多，不仅限于此。只要敢于大胆创新和尝试，都可以收到意想不到的效果。这种营销模式的成功之处就在于，能够投用户所好，以免费吸引用户产生购买行为。看似免费其实也是一种有目的性的免费，是超级个人IP撬开变现之路的钥匙。

第十章

变现模式：
超级个人 IP 换来真金白银
才是硬道理

很多人在打造超级个人 IP 的过程中，使尽浑身解数推广引流，其最终目的都是变现。变现方式很重要，决定了你的个人 IP 能否成功。有效的变现模式，才能使得超级个人 IP 创造者做大做强，实现财富自由，在生意路上越走越远。

平台创作奖励变现

打造超级个人IP，离不开内容的支撑。如果你掌握了内容创作技巧，打造的作品内容十分精彩，富有价值，言谈风格让人感觉异常舒适。而且评论区人潮涌动，粉丝数据也十分亮眼，作品深受用户喜爱。那么就可以获得平台赠送的创作奖励。

拿短视频平台来说，作为新媒体社交平台，聚集了相当庞大的用户规模，在用户中间具有强大的影响力。借助短视频平台，可以表达超级个人IP的个性，吸引大量用户的关注和互动。短视频平台，无疑是获取流量红利的新机遇。在短视频平台上发布相关内容，借助短视频平台打造超级个人IP是许多创作者和企业家的梦想。

与此同时，短视频平台也出台了相关政策，对那些优质的作品内容会给予相应的奖励。

比如，在快手上发布的作品，只要有人流量，就可以每天获得快手平台"创作者小助手"，以金币的形式为用户作品发放一定的"好作品专属奖励"。发放的金币数量不等，可以直接兑换为现金来提现。但这个金币的领取时间有限制，过期了就自动失效，无法领取。

比如，抖音极速版平台，对于那些优质作品，会奖励一个"小花"，表达对视频内容的喜欢。通常，一个"小花"价值10金币。金币同样可以兑换成现金，然后提现。

一个作品可以根据播放量情况获得平台的多次奖励。奖励的金币虽然不多，但积少成多，也是超级个人IP的一种变现来源。

获得平台的创作奖励，关键还是看内容的质量是否足够过硬，包括画质是否清晰、内容是否完善、视频前三秒是否足够吸引人、视频封面是否统一、标题是否足够吸引人等。此外，还要懂得各个平台的规则和调性等。这些都是平台评判优质内容的加分项。

用户打赏变现

我一直坚信一句话:"是金子在哪里都会发光。"用户打赏,也是超级个人 IP 实现变现的一种重要方式。

1. 用户打赏变现路径

为了扩大超级个人 IP 的知名度和影响力,我们通常会选择多个平台发布相关内容。这也就为获得平台粉丝打赏做下了铺垫。

用户打赏变现路径主要有以下几个:

(1)短视频用户打赏

有的短视频平台开通了用户打赏功能。对于那些优质的、能给自己带来价值的内容,用户会自主自发地打赏创作者。

> 比如:抖音极速版在最新版本中开辟了一个全新的送花打赏功能。具体位置在"首页"的右下方。用户看到自己喜欢的内容,就可以直接点击这个花朵形状的按钮,送出价值 10 金币的打赏。

(2)直播用户打赏

直播用户打赏,也是超级个人 IP 变现的一条途径。有的时候,我们需要通过做直播来做价值内容输出,塑造个人形象。当用户觉得我们的直播内容精彩、互动风格是自己喜欢的类型时,就会不自觉地做出打赏行为。

用户的打赏主要是一定金额购买的礼物,然后以礼物的形式对超级个人 IP 的创造者,即内容创作主播进行打赏,表达对主播的喜爱。礼物的价格,可以根据用户的个人消费能力和意愿来定。

主播在收取礼物后,可以在平台将礼物转化为虚拟币。之后还可以把虚拟币兑换为现金提现,作为超级个人 IP 的变现收益。

需要注意的是，主播所赚取的打赏收益并不是全部都进入自己的口袋，需要拿出一部分在平台缴纳个人所得税。其余的收入再由平台按照一定的比例抽成，剩下的才归主播所有。不同平台要缴纳的个人所得税、抽成比例有所不同。

（3）微信公众号用户打赏

微信公众号也是一个很好的内容平台，在这里同样可以发布相关内容，塑造良好的超级个人IP形象。如果你的私域流量经营得好，完全可以通过微信公众号文章来赚取用户打赏。

但公众号打赏功能是需要自己手动开启的。开启条件是，需要发布3篇或3篇以上的文章或视频。当我们发布的内容能够获得用户的认同和赞赏时，用户哪怕打赏了1元，我们内心也是十分开心的。这不仅仅是一份收入来源，更是给创作者持续输出价值内容的一种极大的鼓励。

微信公众号用户的打赏，是以电子货币的形式进行赞赏的。打赏的金额将直接进入公众号主的微信零钱包。

需要注意的是，公众号用户打赏变现，是对优质原创账号的扶持，因此一定要保证内容的原创性。

2. 用户打赏变现技巧

用户不是对谁都会随随便便打赏。想要让用户心甘情愿打赏，通过打赏赚取收益，还需要掌握以下技巧：

（1）重在内容品质

说到底，用户愿意打赏，还是因为内容品质，能让用户阅读和观看后能够有所收获。所以，"内容为王"一定不能忘。

（2）给用户一个打赏的理由

很多人认为，互联网的特性之一就是"免费"。在各大平台"薅羊毛"免费获取想要的内容无可厚非，更是明智之举。人们也习惯了免费获取知识。因此，很多人对于公众号打赏这件事情会有所反感和无视。要改变这种固有观念，并给用户一个打赏的理由，让用户明白打赏的合理性。

> 比如：在文章结尾处，附上这么一句话："您的赞赏，是我源源不断奉上更多价值内容的动力。"

（3）告知用户打赏对其自身的意义

千里马还需有伯乐赏识。好的文章，也需要有真正懂它价值的人。为用户营造一种认知，让用户觉得，能做出打赏行为的用户，一定是有学识的高端用户。可以用一句"感谢伯乐打赏与赏识"来营造这种认知。

用户打赏，可以说为超级个人IP的变现开辟了一条新的途径。不仅能激发个人IP创造者提供更好的内容，还为用户提供了一种新的消费体验。有利于内容生态的健康发展，实现创作者与消费者的共赢。

课程付费变现

很多人认为，互联网的出现，使得人们获取信息的渠道越来越多，越来越便捷，使得知识付费早已经到了"红海"期。其实，我觉得，知识付费在任何行业都不会失势。因为，知识永远是在不断更迭中横向扩充、纵向深耕的，只要知识面足够广，挖得足够深，知识付费变现就永远是一个有利可图的赛道。

打造超级个人 IP 的过程，本身就是在专业领域不断深耕，并不断扩充学识的过程。基于这一点你可以借助你的专家形象，将你的个人经验、技能进行售卖，赚取个人收益。这就是人们常说的"知识就是财富"。知识付费变现永不过时。

知识付费对于普通人来讲，利润率极高，几乎没有额外成本支出。只需要一个人数极少的团队来维持运作，就能保证获得理想收益。

教人赚钱是最赚钱的生意。课程付费变现是最适合普通人的创业项目，尤其是具有专业水准和超群能力，专注打造超级 IP 的个人，是最适合不过的赚钱商机。

如何通过课程付费实现超级个人 IP 变现呢？

1. 课程付费变现路径

我本身就是做课程培训的，课程付费，不仅仅是在为创建超级个人 IP 打基础，也是在借助超级个人 IP 的影响力为自己赚取应有的回报。

课程付费变现的形式多样。

（1）图文资料包

售卖图文资料包是一种十分传统的知识付费形式。将提前做好的知识信息，以图文的形式售卖出去，能调动用户的视觉和思考力。

> 比如，可以将系统知识做成PPT，或者有文字介绍说明的图片，打包之后，以一定的价格，将资料包售卖给有需要的人，以此实现知识付费变现。

（2）题库变现

有很多从事教育行业的优秀专业教师、导师等，会将各种知识点加以汇总和提炼，之后将其做成题库，对相关题目进行专业分析和解答，将其进行线上售卖。用户有了题库，就有了更加专业化的指导，能利用碎片化时间刷题，整理错题集，十分方便。

（3）音频、视频课程

也有很多人会将系统知识做成音频、视频的形式，进行售卖。通常授课人不需要出镜，做好知识讲解即可。这样的课程在时间和地域上十分灵活，便于消费者利用碎片化时间反复听讲和观看。

> 比如，上班族可以利用上下班通勤的时间、平时用餐的时间、睡前时间等聆听和观看自己想要的信息。

（4）直播互动授课

直播互动授课，其实与线下面对面授课相似，不同的是在线上进行。直播授课与音频、视频课程相比，主播可以出镜，也可以不出镜。但对主播自身的语言表达能力、控场能力、临场应变能力等要求比较高。而且需要主播提前备课，通过与学员即时互动，能更好地触达更多学员。直播互动授课，可以根据课时收费，同时也可以获得用户打赏。

（5）一对一教学

除了可以面对众多学员上大课之外，还可以通过一对一教学，对学生进行精准指导，以此获得收入。一对一教学，可以是线上，也可以是线下进行。需要投入更多的时间和精力，根据学员特点做出更加个性化的教学计划和辅导方法。

2. 课程付费变现技巧

找到超级个人 IP 变现方向，还需要掌握一些技巧，否则是难以实现快速变现的。

（1）做好内容提炼

既然是以授课的方式赚取收入，就要明确授课职责。为人师，在输出知识的时候，要做到言简意赅、突出重点。在输出知识的时候，做好内容提炼，有"干货"，保证在最短的时间里输出更多的知识和技能。用户自然愿意追随，并愿意为你的知识输出付费。

（2）内容更精更专

向用户输出更精更专的知识和技能，才能让用户觉得物有所值，甚至物超所值。一方面能增加用户黏性，另一方面能在同行竞争中形成竞争壁垒。粗制滥造、缺乏专业性的内容，只能是一锤子买卖。无异于自断生路，自毁"钱"途。

个人 IP 的打造，关键在于精准定位和变现能力。课程付费变现能力越高，证明超级个人 IP 的价值越高。寻找适合自己的变现方式，才能将超级个人 IP 的商业化价值实现最大化。

订阅付费变现

订阅付费变现，就是通过为用户提供高质量内容，以订阅的形式向用户收取相关费用，实现盈利。订阅付费变现让越来越多的人发现超级个人IP背后所潜藏的价值，同时让用户为价值埋单。

订阅付费变现模式，通常一次性向用户收取费用。因此相比较而言，这种变现方式更加稳定可靠。而且用户更加倾向于那些为了获得高品质内容而付费的用户，能够为超级个人IP带来长久的收入。

1. 订阅付费变现玩法

（1）期刊订阅

很多期刊可以在线下订阅，互联网的普及，使得期刊也可以电子的形式呈现给受众。这里重点讲一下电子期刊订阅。

可以在各大平台，如淘宝、微店等售卖与超级个人IP所在领域相关内容的电子期刊，赚取收益。用户可以足不出户，就能掌握市场最新动态和消息，更方便、更快捷。

> 比如，我们打造的超级个人IP定位的是时尚博主的形象，可以做一些前沿时尚资讯、潮人时装穿搭等相关方面的电子期刊，吸引年轻潮流人群购买和学习。

（2）文章订阅

可以根据自己的喜好和研究领域，做一些学术类文章，如经济类、社会学类、管理类、心理学类等，以展示最新学术成果。这类文章学术性强，代表了很强的科研实力和学术水平，非常受高、精、尖人士，以及热衷于学术研究的读者喜欢。通过订阅，可以帮助他们快速获取所需学术资源。

2. 订阅付费变现技巧

订阅付费变现模式的核心在于提供高质量、有价值的内容，以吸引和留住付费用户。在具体操作过程中，需要着重掌握以下几点：

（1）选择适合的平台

选择适合的平台，对于订阅付费变现来说很重要。选择平台的时候，要确保平台易于使用、安全可靠，并提供良好的用户体验。

（2）注重内容时效性

不论期刊还是学术文章，最新的内容，对于用户来讲才更有吸引力。除了要按照约定的时间和频率发布内容，还要确保内容的品质和时效性，以满足用户的期望和需求。

（3）按价值定价

订阅付费类内容，通常走在行业的最前列，而且内容品质较高。在制定订阅价格时，价格的高低，取决于价值的大小。除了考虑供需市场，还需要考虑给用户带来的价值。一言之，就是根据"卖知识"的成本，以及给用户带来的预期利益来定价格。蕴含价值的价格，才更容易被用户接受，并乐于购买。

高品质内容加上强运营能力，是吸引用户付费订阅的关键。持续努力做内容和运营两方面的精耕，方能使超级个人IP实现更好的变现效果。

书籍出版变现

书籍出版也是一种不错的超级个人 IP 商业化变现之路。如果我们在某个领域的确有很多成功经验、方法和技能等，可以通过书籍出版的方式向广大用户分享，实现个人 IP 变现。

很多素人作者，都有一个出书的梦想。只要敢想，敢尝试，就有实现的机会。虽然普通人没有大文学家那样声名远扬，但只要自己有真学识、真能力、真成果，同样可以出书，甚至在市场中大卖。

书籍出版变现，并不是盲目去做，需要讲究方式和方法。

1. 牢抓稿件市场和水平

对于稿件的市场需求要有精准的洞察力，对稿件的水准要有严格的把控力。否则，书籍出版后投入市场难以吸引受众，更难以实现个人 IP 的价值变现。

2. 保证原创

作为书籍出版内容，一定要保证原创性，一切模仿、搬运，都只能让你从此断了自己的超级个人 IP 变现之路。

3. 多渠道发行

有好的内容，能够让消费者买到，才能赚得收益。借力好的发行规划，才能达到理想的变现效果。在发行上，渠道越多，曝光概率越大，接触到的读者越多，变现的概率也就越大。

4 宣传推广

让"流量"变"留量"，关键还得看宣传推广。在书籍上市之前，就要做好宣传，为下一步产品推广造势。可以借助与图书内容相关的事件、新闻、故事等做引子，让更多的人知道这本书的存在和价值，赢得更多人的关注。在图书正式上架后，可以再次进行宣传推广，可以请多家媒体平台、自媒体大咖等为图书背书，吸粉引流的同时，提升变现概率。

5. 版权多元化

图书的创作者，享有本书的知识产权。知识付费体现出强有力的变现能力，必然会吸引更多的人学习、模仿，甚至搬运。要有保护自我知识产权的意识，同时还要做好版权的多元化开发。

版权多元化开发就是将现有的图书形式的内容，开发为电子书、有声书、周边衍生品等多种形式。以全面开花的方式，为超级个人IP带来更多的经济价值和社会价值。

通过书籍出版变现，个人IP可以将自己的经验、知识、智慧等转化为实际收益。掌握好每一个细节，可以让你的事业蒸蒸日上，收入水涨船高。

电商带货变现

超级个人 IP 是内容的载体，将内容与电商融合，就会形成让流量到电商形成完美闭环，使得流量转化为销量一气呵成。因此，超级个人 IP 的另外一个变现方向，就是电商带货变现。

1. 电商带货变现玩法

当超级个人 IP 有了一定的粉丝基础之后，就可以借助粉丝的力量做电商。

（1）开网店带货

超级个人 IP 一旦形成之后，就会有属于自己的个人品牌和流量。流量就是最好的底牌。此时，开一家属于自己的网店，销售自己的产品，或者销售别人的产品，都能收获很好的收益。

①卖自己的产品

如果手握流量，不想等待被动合作，更不想让别人牵着鼻子走，可以卖自己的产品。要根据粉丝、用户人群特点，找与自己打造的超级个人 IP 内容相关联的货源，卖什么产品，自己说了算。

②卖别人的产品

当自己预算不足时，可以主动寻找与自己粉丝、用户相匹配的品牌，为其卖货。当然，当自己的名气足够大时，超级个人 IP 的影响力足够强时，会吸引品牌方主动上门寻求合作，邀请我们帮其带货。

（2）短视频带货

如今，做短视频带货的人，已经不再是那些专业的销售人员。不管你是普通俗人，还是企业老板、知名明星，只要经过前期运营打造了超级个人 IP 形象，有了一定的粉丝基础，流量相对稳定，都能加入带货阵营。

短视频带货，需要找到与产品和个人 IP 相匹配的爆款素材，然后在内容情节中营造痛点，引发共鸣。最后，在受众毫无防备的时候，将情节内容与产品相融合，在恰当的时机将产品推到粉丝面前。用痛点引发杠杆效应，增加用户购买积极性，达到极好的变现效果。

（3）直播带货

当下，直播带货已经成为一种势不可挡的趋势。有很多人凭借打造的超级个人IP形象做直播带货，实现了人生逆袭。直播带货的确能给个体带来更多暴富机会，但对于刚入局的新人来说，没有一定的带货技巧，也是一种挑战。

做直播带货，首先需要你借助自己的个人IP人设，为直播间信任做铺垫。在带货的过程中，充分发挥自己的专业水平，将优质内容与产品相关联，催化用户对产品的认知，并产生好感度，促成用户积极购买。

> 比如，董宇辉受到很多人的青睐和喜爱，在于他打造了一个成功的超级个人IP。如今，"董宇辉"这三个字已经是具有知识属性的超级个人IP。他在直播带货的时候，能够巧妙地将"浪漫"与五常大米结合起来，通过高质量内容，直接用浪漫戳中了观众的内心深处，征服了无数用户。这也是董宇辉区别于全网所有知识博主最独一无二的核心特点，更是董宇辉具有超强带货能力的主要原因。
>
> 这里我们欣赏一下董宇辉对五常大米的带货文案：
>
> 我没有牵你的手去看过长白山皑皑的白雪；
>
> 我没有牵你的手去感受过十月田间吹过的微风；
>
> 我没有牵你的手带你去看熟透的稻草有如智者一般深深弯下去的腰；
>
> 我没有带你去见证过这一切，
>
> 但是，亲爱的，我可以让你品尝一下这里所生产的五常大米。
>
> 我们说，天体行星是浪漫，但三餐四季也是浪漫；
>
> 我们说，山川湖泊是浪漫，但柴米油盐也是浪漫；
>
> 总有人能够抬头仰望星空，那是因为背后有更多的人在帮他捡六便士。

> 所以，家里的饭菜香，才是漫长生活里最温情的陪伴。
> 希望大家都能够有时间回家做饭，回家跟家人一起吃饭。
> 有烟火气的家，才叫家。

直播带货与短视频带货相比，最大的优势就是转化率高。用户在直播间有任何问题，都可以随时向主播提问，并能实时获得主播的回应和解答。这样就会增加用户信任，成交起来也比较容易。

2. 电商带货变现技巧

借助电商带货模式变现，掌握以下要点，有助于提升变现概率。

（1）货品自带热度

有热度的东西，同样具有吸引人围观的潜质。选择自带热度的产品，会得到更多人的关注，而且消费人群庞大，更易于超级个人IP品牌的大规模变现。

（2）货品与超级个人IP定位相匹配

超级个人IP可以为产品提供独特的价值主张，让产品更具情感与情怀。在选品的时候，要注意超级个人IP定位与产品之间的匹配度。这样，消费者在关注超级个人IP的同时，也能很好地关注到产品本身。否则，难以为产品带来可观的销量。

> 比如：打造的超级个人IP定位是"乡村守护人"，那么做电商，卖的产品，最好能与个人IP定位相匹配，可以是一些农副产品，如农作物、果木粮油等产品。因为，既然定位是"乡村守护人"，一定对农牧业有更多了解，在选品上对产品优劣有一个更好的认知和把控。这样操作更容易赢得粉丝的信任，提升变现概率。

（3）货品与用户特点相匹配

做电商，销售的产品直接面向的是用户。产品与用户特点相匹配，能迎合用户喜好，才能实现精准带货，为超级个人IP带来理想的变现效果。

> 比如，超级个人 IP 面向的是年轻时尚用户，带货销售的产品却是老年人用品，显然产品与用户特点不匹配，很难激发用户的购买意愿。

超级个人 IP 借助电商带货模式变现的时候，要注意保护好自己的个人品牌和权益，与合适的伙伴合作，提高超级个人 IP 的价值和可持续发展能力。

社群服务变现

吸引力法则中说道：你是什么样的人，就会吸引到什么样的人。一个成功的超级个人 IP 创造者，一定会吸引同样厉害的人到自己身边。将这些优秀的人聚集在一起，构建一个社群去好好经营，可以带来意想不到的收益。

对于一些有大规模粉丝的超级个人 IP 来说，社群服务变现也是很好的选择。

社群服务变现，就是给社群粉丝提供一些专业化更强、更具价值的专属服务，由此赚取相应的服务费用。

1. 社群服务变现玩法

①付费圈子

付费圈子就是用户缴纳一定的费用，就可以加入某个一般人难以进入的圈子。其实，用户缴纳的费用，是门槛费。进入圈子后，大家可以聚集在一起，相互学习、分享、支持，共同进步和成长。这种方式能有效提升用户的黏性和忠诚度，同时能为超级个人 IP 带来一定的收益。

> 比如，一些读书俱乐部，大家付费加入进来后，在一个良好的氛围中以阅读感知生活快乐。大家三五同道围坐在沙发上，或是独自品读，或是低声探讨，或是各抒己见，在思想火花的相互碰撞中，得到学识的快速提升。

②付费会员

社群创建者可以设立会员制度，用户付费后，可以享受相应的独家内容、特权或服务等。创建者则通过自己的超级个人 IP 流量转化，赚取会员费。

付费会员不但是变现方法，也是一个锁客手段。锁客之后，用户的复购概率更高。

2. 社群服务变现技巧

超级个人 IP 借社群服务变现，要做好以下几点：

（1）做好服务

社群服务变现，在前期花时间和精力做好服务，是吸引用户直接付费加入社群的关键。尽可能站在用户的立场上思考，什么样的服务是用户最需要的。用户需要什么，就想办法提供什么，迎合什么，给用户最好的服务体验。这是用户愿意付费的前提。

（2）从免费到付费

事先设置好社群付费变现的游戏规则，按照规则和流程去操作，有章可循，效率更高。在前期，免费吸引用户进入社群，之后再通过后续的服务和分层，收取相关费用。从免费到收费，相当于帮社群做了一遍筛选，有助于将高价值用户从中区别出来，保证社群成员质量。社群成员质量越高，付费意愿也就越强。

社群服务变现，重点在于为用户提供相应的服务，如大咖分享服务、流量链接服务等。通过有深度的持续培育，连接情感，交付干货，提供价值，社群成员才会愿意付费加入。

广告合作变现

很多个人 IP 在有了一定名气后，都是选择广告合作模式实现流量变现。名气越大，能够获得的广告合作变现机会也就越多。

1. 广告合作变现玩法

（1）被动派发广告

如果平台通过数据分析，发现你的粉丝量超多，规模巨大，超级个人 IP 商业价值较大，就会为你匹配相关品牌的广告。

> 比如：快手的快接单，就是为内容创作者和广告商牵线搭桥，为内容创作者提供一种内容变现方式。具体来讲，就是创作者在快手平台上接受广告主的广告订单，如商家发布的淘宝或京东等的商品推广等，通过短视频的形式，制定发布内容，以此为内容创作者带来相应的收益。
>
> 开通快接单后，系统会随机在内容创作者的短视频作品中植入广告。只要正常发布短视频，就可以获得广告收益。而且你发布的作品越多、越优质、播放量越高，你能够赚取的收益也就越高。

这种变现方式，没有办法做到收入稳定。有的时候，很长时间也没有一单广告。虽然有的超级个人 IP 赛道很受广告主喜欢，但什么时候能有广告合作的机会，并不是由你决定的，而是平台的推荐算法说了算。

想要获得更多广告合作的机会，就需要不断打磨自己，打造好自己的 IP 人设，把粉丝做多，商业价值做大。届时，源源不断的广告就会被派发过来。

（2）主动承接广告

如果山不来，我便向山去。除了"守株待兔"，坐等有人找上门合作之外，还可以主动出击，走出去寻找适合的广告主合作。主动寻找广告合作对象，选什么品牌合作，我们自己说了算。更重要的是，赚取多少佣金，也可以主动开口与广告合作对象商谈。

2. 广告合作变现技巧

（1）保持平常心

被动广告合作变现模式，其实就好比粉丝打赏一般，有广告主找上门，接着就好。没有广告主找上门，保持一个好的心态就好。

（2）保证内容品质和合规性

不论被动派发广告，还是主动承接广告，都需要创作者能够提供高质量的内容。这样的内容，对于广告主而言，曝光效果更好，引流效率更高，因此是他们投放广告的最爱。另外，还要确保内容符合平台政策，不违反相关法律法规，不涉及敏感信息等。

（3）品牌适配性

在选择广告主合作的时候，品牌与你的超级个人IP形象、风格、调性的适配性是必须要考虑的因素。如果二者相悖，广告投放效果会差强人意，对双方都不利。

（4）了解品牌口碑

选择合作对象很重要，一不小心选错了，对自己也是一种损失。通过侧面打听，全面了解合作品牌方的信誉、口碑、用户满意度等，这些是我们决定合作与否需要考量的因素。选择一个有实力、信誉度高的合作对象，能够确保彼此的合作稳定性。

超级个人IP的变现方式有很多，具体选择哪种方式，还需要根据自己目标受众和IP价值来定。同时还要综合考虑变现的稳定性以及对超级个人IP发展的长期性。